SpringerWienNewYork

Rechtsethik 4

Herausgegeben von
em. Univ.-Prof. Dr. Dr. h.c. mult. **Franz Bydlinski**
Universität Wien
und
em. Univ.-Prof. Dr. Dr. h.c. mult. **Theo Mayer-Maly**
Universität Salzburg

Mensch von Anfang an?

Mit Beiträgen
der interdisziplinären Tagung
zum Status ungeborener Kinder

Franz Bydlinski und
Theo Mayer-Maly (Hrsg.)

SpringerWienNewYork

em. Univ.-Prof. Dr. Dr. h.c. mult. Franz Bydlinski
Universität Wien, Österreich

em. Univ.-Prof. Dr. Dr. h.c. mult. Theo Mayer-Maly
Universität Salzburg, Österreich

Finanziell unterstützt durch den sachlich zuständigen
Volksanwalt Mag. Hilmar KABAS
(Finanzmittel aus dem ihm zustehenden Anteil am Repräsentationsbudget)

Printed in Austria

SpringerWienNewYork ist ein Unternehmen von
Springer Science + Business Media
springer.at

Satz: Karson Grafik- und Verlagsservice, 1020 Wien, Österreich
Druck: Ferdinand Berger & Söhne Gesellschaft m.b.H.,
3580 Horn, Österreich

Gedruckt auf säurefreiem, chlorfrei gebleichtem Papier – TCF
SPIN: 12090990

Bibliografische Information der Deutschen Bibliothek
Die Deutsche Bibliothek verzeichnet diese Publikation in der Deutschen Nationalbibliografie; detaillierte bibliografische Daten sind im Internet über http://dnb.ddb.de abrufbar.

ISSN 0946-8382
ISBN 978-3-211-74988-3 SpringerWienNewYork

Vorwort der Herausgeber

Ausgangspunkt und Anlass dieser kleinen Schrift ist eine ohne Zustimmung und wohl ohne Wissen der Eltern erfolgte obligatorische Schulexkursion von Wiener Hauptschülern in eine bekannte Wiener Abtreibungsklinik. Sie führte zunächst zu einer gründlich und auf hohem juristischem Niveau begründeten Stellungnahme der Volksanwaltschaft (GZ VA W 203-SCHU/02 vom 9. 4. 2005, dazu *J. Cornides*, Zur Haftung des Arztes bei fehlerhafter pränataler Diagnose, JBl 2007, 137 [146 f]; *Piskernigg*, Ist die Fristenlösung unantastbar? Die Neuregelung der Strafbarkeit der Abtreibung durch das Strafgesetzbuch [StGB] 1974 und ihre Einordnung in das österreichische Recht, Imago Hominis 2005, 195 [200 f]), in der solche Exkursionen beanstandet wurden. Diese Entscheidung ist in der vorliegenden Schrift in vollem Umfang wiedergegeben. Der rechtlich ganz allgemein bedeutsame Kern ihrer Ausführungen liegt im methodisch schlüssigen Nachweis, dass die Abtreibung auch im Falle der „Fristenlösung" bloß straflos, nicht aber rechtmäßig ist. Dazu hat sich eine Reihe von führenden österreichischen Rechtswissenschaftlern zustimmend geäußert; der OGH hat inzwischen diese Rechtsmeinung geteilt (6 Ob 101/06 f), freilich ohne explizit Bezug auf die Entscheidung der Volksanwaltschaft zu nehmen.

Der juristische Laie kann sich in der Regel eine solche Rechtswidrigkeit ohne Strafsanktion nicht als relevant vorstellen. Das vorliegende Beispiel ist jedoch lehrreich: Die Unzulässigkeit der inkriminierten Schulmaßnahme beruht vor allem darauf, dass sie unmündige Kinder gleichsam als ersten Eindruck mit verbreiteten rechtswidrigen Praktiken in Kontakt bringt; mit Praktiken, die auch vom Gesetzgeber der Fristenlösung etwas verschämt als sozial unerwünscht bezeichnet wurden. Das ist auch der Grund, warum nach meiner Erfahrung so gut wie alle juristischen Laien auf die Schilderung des inkriminierten Vorfalles geradezu mit Entsetzen reagieren; auch solche, die nicht besonders gegen die Abtreibung engagiert sind. Ohne die in der öffentlichen Meinung von vielen verbreitete suggestive Gleichsetzung von Straflosigkeit mit Rechtmäßigkeit und alsbald gar mit einem sog. Recht auf Abtreibung wäre wohl niemand auf den Gedanken der beschriebenen schulischen Maßnahme gekommen. Auch Weisungen von Landesoberhäuptern an Landeskliniken, Abtreibungen im Rahmen der „Fristenlösung" durchzuführen, wären ohne das erwähnte Missverständnis wohl nicht mit gutem Gewissen möglich gewesen.

Im Anschluss an die erwähnte Beanstandung wurde in der Volksanwaltschaft am 19. 12. 2005 ein interdisziplinäres Symposion veranstaltet, dessen Referate ebenfalls in dieser Schrift wiedergegeben sind. (Der Titel dieses Symposions wurde auch für diese Schrift übernommen.) Sie greifen weit über das Ausgangsthema auf vielfältige Aspekte der aktuellen Diskussion um Abtreibung und Embryonenschutz aus. Eine Kurzwiedergabe in diesem Vorwort verbietet sich schon deshalb, weil sie, so unterschiedlich sie im Übrigen sind, alle verdienen, selbst gelesen zu werden.

Die angedeuteten Aktivitäten der Volksanwaltschaft haben zunächst, d. h. vor Kenntnisnahme des Inhaltes ihrer Entscheidung, bei entsprechend gestimmten Diskutanten oder Diskutantinnen einen automatischen Reflex ausgelöst: Es gehe doch nicht an, gar schon wieder einmal die Fristenlösung irgendwie in Frage zu stellen. Wer die Stellungnahme gelesen hat, konnte aber gar nicht verkennen, dass sie sich inhaltlich präzis von der rechtspolitischen Problematik der strafrechtlichen Fristenlösung abgrenzt. Daraus erklärt sich wohl auch, dass die Berichte der Volksanwaltschaft an den Nationalrat und den Bundesrat sowie an den Wiener Landtag (vom 31. 3. 2006) auch in ihren einschlägigen Teilen (S. 27 f, 93 f, 352 f bzw. 45 f) vom Kollegium der Volksanwälte einstimmig beschlossen wurden. Das lässt die Hoffnung zu, dass der inkriminierte schulische Vorgang in der Tat auf die ihm gebührende allseitige Ablehnung auch auf politischer Ebene stößt.

In den wiedergegebenen Referaten ist allerdings zum Teil die Abtreibungsfrage in viel weiterem Umfang diskutiert worden. Hier ist insbesondere die engagierte Stellungnahme von *Laun* zur Abtreibungsfrage und ihren realen Auswirkungen hervorzuheben. Sie entspricht gewiss nicht den heute häufig und oft mit kämpferischer Gebärde vertretenen Auffassungen von „politischer Korrektheit". Das ist aber gleichgültig, weil tatsächlich der rechtsethische wie verfassungsrechtliche Grundsatz der Meinungsfreiheit vor dem Abtreibungsproblem gewiss nicht Halt und für hohe Geistliche gewiss keine Ausnahme macht.

Launs Analysen sind „alltagstheoretisch" plausibel und können jedenfalls nicht widerlegt werden, solange es mit vollem Erfolg verhindert wird, dass gültige Daten über die Entwicklung der Abtreibungszahlen nach der Einführung der „Fristenlösung" ermittelt werden können. Zweifelhaft bleibt aber seine m. E. zu optimistische Erwartung, durch Wiederherstellung der generellen Strafbarkeit der Abtreibung (die er ohnedies selbst für nicht realisierbar hält) eine

Wende zum Besseren herbeiführen zu können: Durch staatliche Maßnahmen lässt sich das Rechtsbewusstsein, insbesondere soweit es ohnedies schwankt, zwar relativ rasch und nachhaltig noch weiter abbauen, aber schwerlich mit breitem Effekt rekonstruieren. Solange und soweit sich zuviele Frauen in „Europa" oder wenigstens in manchen europäischen Nationen einreden lassen, dass ihr Wunsch nach eigenen Kindern und ihrer Betreuung bloß die Folge eines finsteren männlichen Anschlags auf die Freiheit der Frauen sein kann, wenn nicht „der Staat" die mit Kindern verbundenen Belastungen übernimmt, ist gegen das allmähliche Aussterben der betroffenen Nationen durch generelle staatliche Maßnahmen sehr wenig auszurichten.

Eine Hoffnung liegt anderswo: Wie das gegenwärtige abtreibungsfreundliche und daher lebensfeindliche Meinungsklima sich „von unten" spontan freilich alsbald unter wesentlicher Vorschubleistung durch destruktive Ideologien und neuerungssüchtige Medien entwickelt hat, so könnte auch eine Umkehrung erfolgen. Durch generelle staatliche Maßnahmen organisierbar ist das schwerlich. Eher könnten auf längere Sicht viele kleine Bemühungen bei der Schaffung eines positiveren Meinungsklimas Erfolg haben. Zu ihnen gehören diese kleine Schrift und – außer dem Anlassfall selbst – die darin wiedergegebenen Vorgänge. Nichts von dem Gesagten enthebt aber selbstverständlich die anderen und „den Staat" von der Verpflichtung, psychisch oder wirtschaftlich notleidenden Schwangeren tunlichst zu helfen.

Franz Bydlinski Theo Mayer-Maly

Inhaltsverzeichnis

Autorenverzeichnis

DI Claudia Brandhuber
Leiterin des Lebenszentrums Wien

Ao. Univ.-Prof. Dr. Lukas Kenner
Institut für klinische Pathologie, Medizinische Universität Wien, Gruppenleiter am Ludwig-Boltzmann-Institut für Krebsforschung (LBI-CR) in Wien

Univ.-Doz. Dr. Andreas Laun
Weihbischof von Salzburg

Univ.-Prof. Dr. Günther Pöltner
stellvertretender Vorsitzender der Bioethikkommission beim Bundeskanzleramt, Institut für Philosophie, Universität Wien

Abschnitt 1
Sexualaufklärung von Hauptschülern in Abtreibungskliniken[1]

Die Entscheidung der Volksanwaltschaft vom 9. 4. 2005
Zl. VA W/203-Schu/02

Die Entscheidung der Volksanwaltschaft

(...)

Das Prüfungsverfahren der Volksanwaltschaft hat ergeben, dass (zumindest) mit Billigung des Stadtschulrates (StSR) für Wien ein Lehrausgang mit einer vierten Hauptschulklasse in das **** veranstaltet wurde. Dabei handelt es sich um eine private Tagesklinik, zu deren Hauptschwerpunkten die Vornahme von Abtreibungen – insbesondere auch im Rahmen der sogenannten „Fristenlösung" – gehört.

In ihrer Eigendarstellung deklariert sich die Klinik nicht als gemeinnützig, sodass ein wirtschaftliches Interesse der Klinikbetreiber an der Durchführung von Abtreibungen und die daraus folgende Gefahr tendenziöser Informationserteilung an die Schüler nicht ausgeschlossen werden können. Aus den der Volksanwaltschaft zugegangenen Stellungnahmen des StSR für Wien bzw des Bundesministeriums für Bildung, Wissenschaft und Kultur (BMBWK) kann nicht ersehen werden, dass dieser Gefahr glaubhaft und wirksam begegnet worden wäre. Weiters konnte der Verdacht der nicht zeitgerechten und nicht hinreichend klaren Verständigung der Eltern in einer derart sensiblen Materie nicht entkräftet werden.

Als Ziel des Lehrausganges wurde die Aufklärung der Schüler über Möglichkeiten zur Empfängnisverhütung und damit die Verhinderung von Abtreibungen angegeben. Dabei konnte jedoch nicht plausibel begründet werden, weshalb gerade jene private Tagesklinik und nicht etwa eine gynäkologische Ambulanz an einer öffentlichen Krankenanstalt, bei der ein wirtschaftliches Interesse an der Durchführung von Abtreibungen von vornherein ausgeschlossen ist, zur Erreichung dieses Zieles als besonders geeignet angesehen wurde.

1 Erstveröffentlichung: Institut für medizinische Anthropologie und Bioethik (IMABE-Studie Nr. 5, Wien 2005), S. 6–21.

Die Vorgangsweise des BMBWK sowie des StSR für Wien ist aus folgenden Gründen zu beanstanden:

Die Stellungnahmen des BMBWK bzw des StSR für Wien sind in sich widersprüchlich und blieben trotz ergänzender Nachfrage unvollständig; die Beantwortung der Schreiben der Volksanwaltschaft entspricht damit nicht den Kriterien des Art 148b B-VG (I.).

Der Besuch des **** mit einer vierten Hauptschulklasse im Rahmen einer verpflichtenden Schulveranstaltung (Lehrausgang) widerspricht § 13 Schulunterrichtsgesetz (SchUG), § 2 Schulorganisationsgesetz (SchOrgG) und §§ 1 f Schulveranstaltungenverordnung (SchVV). Aus diesen Normen ist – gerade auch in einer pluralistischen Gesellschaft – zu schließen, dass durch den Schulunterricht angesichts der in den weitaus meisten Fällen nach wie vor bestehenden Rechtswidrigkeit von Abtreibungen Recht und Unrecht nicht verwischt werden dürfen (II.1.a). Gerade diese Gefahr besteht jedoch aus den oa Gründen in ggst Konstellation. Ein rechtsvergleichender Befund ergibt, dass zur Vermeidung dieser Gefahr das deutsche Bundesverfassungsgericht (BVerfG) im Rahmen der deutschen Abtreibungsregelung Institutionen als Berater ausschließt, in denen Abtreibungen vorgenommen werden. Auch organisatorische oä Verflechtungen zwischen Beratungsstellen und Abtreibungseinrichtungen lehnt das BVerfG wegen der Gefahr materieller Interessen an der Durchführung von Abtreibungen ab. Diese Überlegungen zur Identifikation glaubwürdiger Bemühungen der Verhinderung von Abtreibungen sind auch auf die ggst Problematik anwendbar (II.1.b).

Abtreibungen sind, abgesehen von den Fällen medizinisch-vitaler Indikation, auch dort, wo nach dem Strafgesetzbuch (StGB) eine Straflosigkeit (welche hier nicht in Frage gestellt wird) vorgesehen ist, rechtswidrig. Dies zeigt sich besonders deutlich im Falle der „Fristenlösung": Aufgrund von Wort- und systematisch-logischer Interpretation ist eine Deutung als Rechtfertigungsgrund ausgeschossen, was der hA entspricht (II.2.c). Dies liegt bereits bei rein strafrechtlicher Betrachtung in Zusammenschau mit § 90 (2) StGB nahe. Die zwingende Widerlegung der Rechtfertigungsthese folgt aus § 22 Allgemeines bürgerliches Gesetzbuch (ABGB). Versuche, die Rechtfertigungsthese mit Argumenten aus der Entstehungsgeschichte bzw den Gesetzesmaterialien des StGB zu begründen, scheitern an der Widersprüchlichkeit des historischen Anschauungsmaterials bzw von vornherein an der Rangfolge der Interpretationsmethoden. Man müsste ansonsten anerkannte Überlegungen zur Rangfolge der Interpretationsmethoden außer acht lassen und obendrein bei der Sichtung des historischen Materials selektiv vorgehen, um das Gegenteil zu begründen (II.3.a). Vereinzelte, auf Basis systematischer Interpretation entwickelte Rechtfertigungsversuche haben sich ebenfalls als untauglich erwiesen (II.3.b,c).

Auch die Indikationen mit Ausnahme der an die Grenzen rechtlicher Regelbarkeit reichenden medizinisch-vitalen Indikation können keine Rechtfertigungswirkung entfalten. Versuche, eine solche mittels Güterabwägungsüberlegungen oä dennoch zu begründen, scheitern am Höchstwert des menschlichen Lebens – gemäß § 22 ABGB auch des ungeborenen. Man müsste, wie die Analyse der gegenteiligen Ansichten zeigt, bewährte und ansonsten anerkannte juristische Kategorien außer Kraft setzen, um das Gegenteil zu begründen, was eine dem Sachlichkeitsgebot bzw Diskriminierungsverbot verpflichtete Rechtsanwendung freilich verbietet (II.4.a,b). Gegenteiliges folgt aus verfassungsrechtlichen Überlegungen (II.4.c) ebensowenig wie aus der Zusammenschau mit dem Gentechnikgesetz (GTG) bzw vor dem Hintergrund der an die Grenzen rechtlicher Regelbarkeit gehenden Fälle medizinisch-vitaler Indikation (II.4.d,e).

Und selbst wenn man von der rechtfertigenden Wirkung der „Fristenlösung" und sämtlicher Indikationen ausgehen sollte, verstieße die Veranstaltung von Lehrausgängen der hier kritisierten Art gegen Art 2 1. Zusatzprotokoll zur Europäischen Menschenrechtskonvention (ZPEMRK). Es wäre nämlich angesichts der im Raum stehenden wirtschaftlichen Interessen zu befürchten, dass die Schüler nicht in objektiver, kritischer und pluralistischer Weise, sondern tendenziös informiert werden (II.1.c).

I. Zum Verfahrensablauf[2]

1. Die Reaktionen des BMBWK bzw des StSR für Wien auf die Ermittlungen der Volksanwaltschaft

Mit Schreiben der Volksanwaltschaft vom 17. 4. 2002 wurde die amtsführende Präsidentin des StSR für Wien um Stellungnahme zu den detailliert ausgearbeiteten Fragen des Einschreiters ersucht. Mit Schreiben vom 6. 5. 2002 (ohne GZ) legte die Präsidentin unter Zitierung einer an den Einschreiter bereits ergangenen Stellungnahme

[2] Die Überschriften zu den einzelnen Entscheidungsabschnitten sind im Entscheidungstext selbst nicht enthalten; sie wurden der Übersichtlichkeit halber vom Herausgeber hinzugefügt.

im wesentlichen dar, dass Lehrausgänge dieser Art dem Lehrplan für Biologie und Umweltkunde der 8. Schulstufe entsprechen, demgemäß Schüler die verschiedenen Methoden der Empfängnisregelung kennenlernen sollen. Die Klassenbesuche seien in Zeiten, in denen kein Patientenverkehr stattgefunden habe, erfolgt. Die Schüler seien ausführlich über die Möglichkeiten der Empfängnisverhütung informiert worden. Das Ziel des Klinikbesuchs habe darin bestanden, *„dass bei den Jugendlichen Einsicht entwickelt wird, ihr Leben so zu gestalten, dass solche Einrichtungen nie in Anspruch genommen werden müssen.“*

Entsprechend dem Schreiben der Volksanwaltschaft vom 24. 6. 2002 ergingen auch Stellungnahmen des BMBWK (Zl 27.570/81-III/B/1 1b/2002 vom 26. 8. 2002, Zl 27.570/88-III/B/1 1b/2002), in denen die von der Präsidentin des StSR für Wien geäußerte Ansicht, die ggst Lehrausgänge seien in Übereinstimmung mit dem Lehrplan für Biologie und Umweltkunde erfolgt, als zutreffend und im Einklang mit dem Grundsatzerlass „Sexualerziehung in den Schulen“ des BMBWK stehend angesehen wird. Ein Widerspruch zu den Grundsätzen der ordnungsgemäßen Durchführung von Schulveranstaltungen habe nicht festgestellt werden können.

Da von der amtsführenden Präsidentin des StSR für Wien nicht auf alle Fragen der Volksanwaltschaft geantwortet worden war, erging am 13. 2. 2003 ein weiteres Schreiben, in dem ausdrücklich auf die noch offenen Fragen hingewiesen wurde. Besonders aufklärungsbedürftig erschien die Darstellung, dass derartige Klassenbesuche außerhalb des Patientinnenverkehrs stattfinden, zumal diese Angaben denen des Einschreiters widersprachen; weiters, weshalb ausgerechnet jene private Tagesklinik und nicht etwa ein öffentliches Spital Ziel des Lehrausganges waren.

Vom StSR für Wien (Stellungnahme vom 2. 5. 2003, Zl 100.123/7-3/02) wurde in der Folge eine detaillierte Beantwortung aller Fragen unter Berufung auf den „Schutz der Schulstandorte“ verweigert und stattdessen lediglich ausgeführt, dass *„Lehrausgänge ... an allen Schulen im Aufsichtsbereich des Stadtschulrats für Wien den rechtlichen Bedingungen entsprechend durchgeführt“* werden. Der StSR gab an, es liege *„ein Gutachten des Bundesministeriums für Bildung, Wissenschaft und Kultur vor, das eindeutig feststellt, dass der Besuch von Kliniken aus dem genannten Anlass gerechtfertigt ist. [...] Durch die aktuelle Verordnung zur Durchführung von Schulveranstaltungen“* sei im übrigen *„ein Genehmigungsverfahren der Schulbehörde nicht vorgesehen.“*

Als Reaktion auf die Kritik der Volksanwaltschaft im Schreiben vom 3. 5. 2004 hob der StSR für Wien in einer Klarstellung vom

30. 6. 2004 (GZ 100.123/0087/2004) hervor, dass die „*Durchführung der vorliegenden Schulveranstaltung erfolgte, [....] um den Schülerinnen und Schülern durch den Klinikbesuch Einsichten zu vermitteln, ihr Leben so zu gestalten, dass solche Einrichtungen nie in Anspruch genommen werden müssen. Keinesfalls war es Ziel dieser Schulveranstaltung wertfrei Schwangerschaftsabbruch als eine Form der Empfängnisverhütung zu vermitteln.*"

In Entsprechung der Schreiben der Volksanwaltschaft vom 3. und 21. 5. 2004, in welchen ua um Übermittlung des im Schreiben des StSR Wien vom 2. 5. 2003, Zl 100.123/7-3/02 erwähnten Gutachtens ersucht wurde, erging die Stellungnahme des BMBWK vom 3. 8. 2004, Zl 27.570/41-III/1 1b/2004; der Wortlaut der sich auf das oa „Gutachten" beziehenden Passage ist folgender: „*Durch telefonische Rücksprache mit LSI Dr. ****, der sich bereits im Ruhestand befindet, konnte in Erfahrung gebracht werden, dass MR Dr. **** im Gespräch mit LSI **** in mündlicher Form die Zulässigkeit eines derartigen Lehrausganges konstatiert hat.*" Dieser Stellungnahme liegt auch das Schreiben des BMBWK vom 13. 2. 2003 an eine Privatperson bei (GZ 27.909/15-V/12b/2003), in welchem die kritisierten Klassenbesuche gerechtfertigt werden, da sie dem Anliegen dienen, „*unterschiedliche Leitvorstellungen der verschiedenen Gesellschaftsgruppen sachlich*" darzulegen „*und im Geiste gegenseitiger Achtung*" zu diskutieren.

2. Verfassungsrechtliche Würdigung der Reaktionen

Gemäß Art 148b B-VG haben alle Organe des Bundes, der Länder und der Gemeinden die Volksanwaltschaft bei der Besorgung ihrer Aufgaben zu unterstützen, ihr Akteneinsicht zu gewähren und auf Verlangen die erforderlichen Auskünfte zu erteilen. Amtsverschwiegenheit besteht gegenüber der Volksanwaltschaft nicht; dementsprechend ist die Volksanwaltschaft an die Amtsverschwiegenheit im selben Umfang wie das ersuchte Organ gebunden. Die Verweigerung der Auskunft durch den StSR für Wien unter Berufung auf den „*Schutz der Schulstandorte*" bedeutet daher eine Verletzung verfassungsrechtlicher Pflichten.

Abgesehen von der verfassungswidrigen expliziten Auskunftsverweigerung sind die referierten Stellungnahmen teilweise auch objektiv irreführend bzw nicht hinreichend konkret, was ebenfalls eine Verletzung des Art 148b B-VG mit sich bringt.

So wird etwa im Schreiben des StSR für Wien vom 2. 5. 2003, Zl 100.123/7-3/02 einerseits mit dem Verweis auf die nicht vorhandene Genehmigungspflicht für Schulveranstaltungen offenbar der

Eindruck mangelnder Ingerenzmöglichkeiten seitens des StSR suggeriert. Andererseits war lt Stellungnahme des BMBWK vom 3. 8. 2004, Zl 27.570/41-III/1 1b/2004 die Schulaufsicht (LSI Dr. ****, der seinerseits an das BMBWK/MR Dr. **** herangetreten sei) bei der Frage der grundsätzlichen Zulässigkeit von Klinikbesuchen dieser Art sehr wohl befasst. Würde keine Ingerenzmöglichkeit bestehen, stellte sich die Frage nach dem Zweck dieser Befassung. In diesem Zusammenhang ist auch auf die widersprüchlichen Angaben zur Existenz eines „Gutachtens" von MR Dr. **** zu verweisen.

Keine genügende Beantwortung fand weiters die Frage, weshalb ausgerechnet das ****, dessen Schwerpunkt ua in der Durchführung von Abtreibungen besteht, als besonders geeignet befunden wurde, Schüler über Verhütung aufzuklären, welche sich von der Abtreibung evidentermaßen klar unterscheidet.

Schließlich wurde auf die Frage, ob und in welcher Weise die Eltern der betroffenen Kinder informiert wurden, nur in allgemeiner Weise eingegangen: In den bezughabenden Stellungnahmen ist bloß die Rede davon, dass diesbezüglich keine Versäumnisse festgestellt werden hätten können. Eine ausreichende Grundlage für die Prüfung der Volksanwaltschaft wurde somit nicht vorgelegt, sodass der Verdacht, den Eltern könnten nur unzureichende Informationen über die besuchte Institution vorgelegen haben, nach wie vor bestehen bleibt.

II. Rechtliche Beurteilung von Lehrausgängen zu Abtreibungskliniken

1. Der schulrechtliche Hintergrund

a) § 2 (1) SchOrgG lautet:

„Die österreichische Schule hat die Aufgabe, an der Entwicklung der Anlagen der Jugend nach den sittlichen, religiösen und sozialen Werten sowie nach den Werten des Wahren, Guten und Schönen [...] mitzuwirken. [....] Die jungen Menschen sollen zu gesunden, arbeitstüchtigen, pflichttreuen und verantwortungsbewußten Gliedern der Gesellschaft [...] herangebildet werden."

§ 13 (1) SchUG lautet:

„Aufgabe der Schulveranstaltungen ist die Ergänzung des lehrplanmäßigen Unterrichts durch unmittelbaren und anschaulichen Kontakt zum wirtschaftlichen, gesellschaftlichen und kulturellen Leben, durch die Förderung der musischen Anlagen der Schüler und durch die körperliche Ertüchtigung."

Die Vorgaben des § 13 SchUG werden durch § 1 SchVV näher präzisiert. § 2 (2) SchVV normiert Gründe, aus denen Schulveranstaltungen nicht durchgeführt werden dürfen; ein Hinderungsgrund liegt in der sittlichen Gefährdung der Schüler (Z 5 leg cit).

Abtreibungen sind jedenfalls im Rahmen der sogenannten „Fristenlösung“ (§ 97 [1] Z 1 StGB) rechtswidrig. Auch von den in Z 2 leg cit genannten Indikationen kann lediglich die medizinische Indikation (bei ernster Gefahr für das Leben der Schwangeren) rechtfertigend wirken (vgl dazu unten Pkt 2. ff).

Obgleich diesbezüglich verlässliche Statistiken fehlen, kann man aufgrund allgemeiner Lebenserfahrung annehmen, dass heute die weitaus meisten Abtreibungen im Rahmen der „Fristenlösung“ vorgenommen werden. Dies gilt umso mehr für private Institutionen, für deren Inanspruchnahme die Frau idR aus eigenen Mitteln bezahlen muss. Dagegen werden Abtreibungen im Rahmen der Indikationen idR aus Mitteln der Solidargemeinschaft finanziert und in öffentlichen Einrichtungen durchgeführt.

Aus diesen Gründen ist davon auszugehen, dass auch die ggst Tagesklinik idR von Frauen aufgesucht wird, die eine – rechtswidrige – Abtreibung im Rahmen der „Fristenlösung“ vornehmen lassen möchten. Mit Schülern im Rahmen von Lehrausgängen Institutionen zu besuchen, zu deren wesentlichen Tätigkeitsfeldern die Vornahme rechtswidriger Tötungshandlungen gehört, ist mit den oa schulrechtlichen Grundsatznormen ebensowenig wie mit den speziellen Vorschriften betreffend Schulveranstaltungen vereinbar, zumal hier die Gefahr besteht, dass den Schülern die trotz Straflosigkeit gegebene Rechtswidrigkeit von Abtreibungen nicht adäquat vermittelt wird. Recht von Unrecht klar abzugrenzen – und diese Kategorien nicht zu verwischen – sowie die damit verbundenen „sittlichen Werte“ weiterzugeben, stellen elementare Aufgaben der Schule dar.

Man mag dem sehr allgemein gehaltenen Zielkatalog des § 2 (1) SchOrgG in einer – mehr oder weniger – pluralistischen Gesellschaft lediglich eingeschränkte Aussagekraft beimessen. Als Kernaussage dieser Norm wird dennoch festzuhalten sein, dass jedenfalls das, was auf Basis des geltenden Rechts mit dem Verdikt der Rechtswidrigkeit behaftet ist, diesem Zielkatalog widerspricht. Die gegenteilige Auffassung würde nicht weniger als eine Aushöhlung der Verfassung der Sozietät als Rechtsstaat bedeuten.

Wenn daher im oa Schreiben des BMBWK an eine Privatperson zur Rechtfertigung der hier kritisierten Klinikbesuche ausgeführt wird, dass diese der sachlichen Darlegung und Diskussion *„unterschiedlicher Leitvorstellungen der verschiedenen Gesellschaftsgruppen [...] im Geiste gegenseitiger Achtung“* dienen, so ist dem entgegenzuhalten, dass es im Falle der Abtreibung eben nicht einfach um grundsätzlich akzeptable unterschiedliche Leitvorstellungen verschiedener Gesellschaftsgruppen geht, sondern um die Frage von Recht und Unrecht. Wann immer diese Unterscheidung im Rahmen von verpflichtenden Lehrausgängen nicht glaubhaft sichergestellt werden kann, haben solche zum Schutz der Schüler vor sittlicher Gefährdung (§ 2 [2] Z 5 SchVV) zu unterbleiben.

b) Und selbst wenn Abtreibung – auch im Rahmen der „Fristenlösung" – als rechtmäßig anzusehen wäre, könnten die Zweifel daran, dass der Besuch des **** den von der Schulbehörde gewünschten Effekt (*„den Schülerinnen und Schülern durch den Klinikbesuch Einsichten zu vermitteln, ihr Leben so zu gestalten, dass solche Einrichtungen nie in Anspruch genommen werden müssen"*) mit sich bringt, nicht beseitigt werden; tatsächlich wurden Zweifel an der Eignung angesichts der Nichtbeantwortung der Frage, weshalb gerade diese Institution ausgewählt wurde, noch verstärkt.

Lt Eigendarstellung auf der Homepage (****) handelt es sich beim **** um eine private Tagesklinik nach dem Wiener Krankenanstaltengesetz (Wr KAG), deren Tätigkeit im wesentlichen Abtreibung, Sterilisation und Empfängnisverhütung sowie die in diese Themenbereiche fallende Beratung umfasst. Ein Hinweis auf die Gemeinnützigkeit (§ 26 Wr KAG) findet sich in der Selbstdarstellung nicht, sodass zumindest nicht ausgeschlossen werden kann, dass die Klinik nach wirtschaftlichen Gesichtspunkten, möglicherweise sogar in Gewinnabsicht geführt wird. Gründe, weshalb gerade eine solche Institution (anstelle etwa mit Sicherheit nicht gewinnorientierter gynäkologischer Ambulanzen an öffentlichen Wiener Spitälern), die ihre wirtschaftliche Existenz zu einem nicht unwesentlichen Teil der Abtreibungsnachfrage verdankt, besonders geeignet sein soll, Schülern ua den Recht von Unrecht trennenden Unterschied zwischen Abtreibung und Empfängnisverhütung zu vermitteln, sind nicht ersichtlich.

Das deutsche Bundesverfassungsgericht (BVerfG) hat im Urteil vom 28. 5. 1993 (2 BvF 2/90, 2 BvF 4/92, 2 BvF 5/92 – „2. Abtreibungsurteil"; veröffentlicht zB in JZ 1993, Sonderausgabe vom 7. 6. 1993) die Verfassungskonformität einer „Fristenlösung" anerkannt, die mit einer verpflichtenden Schwangerschaftskonfliktberatung als Voraussetzung für den Entfall der Strafbarkeit einer nach Beratung allenfalls doch durchgeführten Abtreibung verbunden ist. Im Punkt D. IV. 3.c des Urteils hat das BVerfG Kriterien für Träger der Beratung ua wie folgt festgesetzt:

„Wer den Schwangerschaftsabbruch vornimmt, muß als Berater ausgeschlossen sein. Darüber hinaus ist eine wie immer geartete orga-

nisatorische, institutionelle oder wirtschaftliche Integration von Beratungsstellen in Einrichtungen zur Vornahme von Schwangerschaftsabbrüchen unzulässig, wenn hiernach nicht auszuschließen ist, daß die Beratungseinrichtung materiell an der Durchführung von Schwangerschaftsabbrüchen interessiert ist. Das würde für eine Beratung, die die Aufgabe hat, auf den Schutz des ungeborenen Lebens hinzuwirken, die schwangere Frau zum Austragen des Kindes zu ermutigen und ihre Notlage einfühlsam mit ihr zu erörtern, untauglich machen."

Auch wenn in Österreich von Gesetzes wegen zum Entfall der Strafbarkeit von Abtreibungen gemäß der hier geltenden „Fristenlösung" keine derartigen Anforderungen an Beratung und Berater gestellt werden, wäre es dennoch Aufgabe der Schulbehörden, Lehrausgänge nur zu Beratungsstellen zu gestatten, die den vom BVerfG etablierten Kriterien entsprechen. Andernfalls wäre der vorgegebene Zweck dieser Lehrausgänge, Abtreibungen zu vermeiden, nicht glaubhaft zu realisieren. Die Kriterien des BVerfG, obgleich ihnen in Österreich keine Rechtsverbindlichkeit zukommt, enthalten dennoch auch hier beachtenswerte Eckpunkte für glaubhaft vom Bemühen um Vermeidung von Abtreibungen geprägte Lehrausgänge.

c) Art 2 1. ZPEMRK lautet:

„*Das Recht auf Bildung darf niemandem verwehrt werden. Der Staat hat bei Ausübung der von ihm auf dem Gebiete der Erziehung und des Unterrichts übernommenen Aufgaben das Recht der Eltern zu achten, die Erziehung und den Unterricht entsprechend ihren eigenen religiösen und weltanschaulichen Überzeugungen sicherzustellen.*"

Nach den vom Europäischen Gerichtshof für Menschenrechte (EGMR) im „Dänischen Sexualkundefall" (vgl *Berka*, Die Grundrechte: Grundfreiheiten und Menschenrechte in Österreich [1999] 396 f) festgelegten Grundsätzen darf zwar der Unterricht religiöse und weltanschauliche Fragen berühren. Dies hat jedoch in objektiver, kritischer und pluralistischer Form zu erfolgen. Daraus folgt jedenfalls nicht, dass es zulässig wäre, Schülern Recht und Unrecht als gleichwertig darzustellen, wie dies im Falle einer Institution befürchtet werden muss, bei der ein wirtschaftliches Interesse an der Vornahme von Abtreibungen zumindest nicht auszuschließen ist.

Selbst wenn man Abtreibungen auch im Rahmen der Fristenlösung als rechtmäßig ansehen würde und daher über die Möglichkeit zur Abtreibung ohne den klaren Hinweis auf den Unrechtscharakter, somit wertfrei in objektiver, kritischer und pluralistischer Form informiert werden dürfte, bliebe immer noch die Auswahl der vermittelnden Institution zu beanstanden. Wo wirtschaftliche Interessen an Abtreibungen zumindest nicht ausgeschlossen werden können, besteht die Gefahr, dass tendenziös statt objektiv, kritisch und in pluralistischer Form informiert wird. Aus den der Volksanwaltschaft vorliegenden Stellungnahmen ist nicht ersichtlich, dass dieser Gefahr in entsprechender Form vorgebeugt worden wäre.

2. Rechtsprechung und rechtswissenschaftlicher Meinungsstand zur Abtreibung in Österreich

a) Oben wurde bereits gesagt, dass Abtreibungen – außer bei nicht anders abwendbarer Lebensgefahr für die Schwangere – nach österreichischem Recht als rechtswidrig anzusehen sind. Dies ist im folgenden näher zu entfalten. Dabei braucht die Frage nach der zutreffenden dogmatischen Einordnung der einzelnen Tatbestände des Entfalls der Strafbarkeit gemäß § 97 (1) StGB nicht erschöpfend behandelt zu werden. Die hier allein interessierende Frage besteht nämlich darin, ob diesen Tatbeständen (bzw welchen davon) rechtfertigende Wirkung zukommt.

b) Die höchstgerichtlichen Auseinandersetzungen mit der Frage der Abtreibung in Österreich nach der Strafrechtsreform 1974 sind von überschaubarer Anzahl. Eine umfassende Einordnung des § 97 StGB ins Gefüge der österreichischen Rechtsordnung ist von einem Höchstgericht bisher nicht unternommen worden. Vielmehr zeichnen sich die bezughabenden Entscheidungen eher durch Zurückhaltung bei inhaltlichen Festlegungen aus.

Der Verfassungsgerichtshof (VfGH) hat in seinem Erkenntnis vom 11. 10. 1974 (VfSlg 7.400/1974) auf Antrag der Salzburger Landesregierung die Verfassungsmäßigkeit der „Fristenlösung" (§ 97 [1] Z 1 StGB) geprüft und bejaht. Über die Frage, ob die „Fristenlösung" einen Rechtfertigungsgrund etabliert, hatte er nicht zu entscheiden, sodass dieses Erkenntnis für diese Frage allenfalls indirekte Anhaltspunkte bietet.

Ähnliches gilt für die Rechtsprechung des EGMR bzw der Europäischen Kommission für Menschenrechte (EKMR). Der EGMR hat die Frage, ob ungeborene Kinder vom Schutz des Art 2 EMRK erfasst sind, auch in einer jüngst ergangenen Entscheidung offengelassen, wobei er freilich im Ergebnis Fristenlösungsmodelle als mit der EMRK vereinbar erachtet (Fall Vo gegen Frankreich, Urteil vom 8. 7. 2004, appl 00053924/00, hudoc reference REF00005124, mwN auf Vorjudikatur).

Nach der Rechtsprechung des Europäischen Gerichtshofs (EuGH) unterliegen „legal" vorgenommene Abtreibungen der Dienstleistungsfreiheit, wobei sich freilich die „Legalität" nach den Bestimmungen des betroffenen Landes richtet, sodass daraus kein

Anspruch auf Legalisierung der Abtreibung in den Mitgliedstaaten abgeleitet werden kann (NJW 1993, 776).

Auch der Oberste Gerichtshof (OGH) hatte sich in einigen Entscheidungen mit Aspekten der Abtreibungsfrage befasst, ohne eine klare Einordnung der „Fristenlösung" vorzunehmen. Gemäß der Entscheidung 2 Ob 702/87 müsse etwa Abtreibung nicht in jedem Fall (zB dann nicht, wenn sie einvernehmlich oder zumindest „nicht grundlos" – was auch immer letzteres im einzelnen bedeuten mag – erfolgt) eine schwere Eheverfehlung iSd (nunmehr geltenden) § 49 EheG darstellen. Dieser Aussage könnte eine Bejahung der Rechtmäßigkeit von Abtreibungen (auch) im Rahmen der Fristenlösung zugrundeliegen.

In der Entscheidung 7 Ob 355/97z, deren Thema die Frage der Zustimmung zur Abtreibung bei einer komatösen Patientin war, wurde einerseits festgestellt, dass der *„Schwangerschaftsabbruch [...] vor allem deshalb ein Sonderfall* [ist], *als es hier nicht nur um den Körper der Mutter [...] geht, sondern auch um das Leben des im Mutterleib heranwachsenden Kindes."* Andererseits wurde ein *„höchstpersönliches Recht der Mutter, sich in Anbetracht der Möglichkeit, selbst Schaden zu nehmen oder ein schwer behindertes Kind zur Welt zu bringen, gegen die Austragung des Kindes zu entscheiden"*, anerkannt, was eine positive Stellungnahme zur Rechtfertigungswirkung der eugenischen (embryopathischen) sowie der medizinischen Indikation impliziert. Eine nähere Begründung dieses „Rechts auf Abtreibung" fehlt freilich, und man kann überdies fragen, ob es sich hierbei nicht bloß um ein obiter dictum handelt.

Erstmals klar ausgesprochen und begründet hat der OGH die rechtfertigende Wirkung der eugenischen Indikation iSd § 97 (1) Z 2 StGB im Urteil 1 Ob 91/99k, in welchem die Frage bejaht wurde, ob die Verpflichtung zur Zahlung von Unterhalt für ein behindertes Kind als Schaden angesehen werden kann, wobei als Vorfrage die Rechtsnatur des § 97 (1) Z 2 3. Fall StGB zu beurteilen war. Der OGH räumte ein, dass damit der *„sonst die Rechtfertigungsdogmatik beherrschende Grundsatz, unschuldiges, an der Entstehung der Notlage unbeteiligtes menschliches Leben dürfe nicht mit direktem Vorsatz ausgelöscht werden"*, gebrochen wird. Dennoch rechtfertigte das Höchstgericht seine Entscheidung mit einer „umfassenden Interessensabwägung". In eine solche sei auch das *„Interesse der Allgemeinheit an einer möglichst wenig gefährlichen, d.h. kunstgerechten Durchführung des Schwangerschaftsabbruchs durch einen Arzt einzubeziehen. Dieses Ziel wäre nicht zu erreichen, wenn selbst in indizierten Fällen der Schwangerschaftsabbruch mit dem Makel des Illegalen behaftet wäre."* Angesichts der Wendung „selbst in indizierten Fällen" könnte man davon ausgehen (zwingend ist dies jedoch nicht), dass vom OGH auch alle anderen Indikationen des § 97 (1) StGB (jedoch nicht unbedingt die „Fristenlösung") als rechtfertigend angesehen werden.

Die eben referierte Entscheidung hat fundierte und nachdrücklich formulierte Kritik nach sich gezogen (vgl *F. Bydlinski*, Das Kind als Schadensursache im österreichischen Recht, in: *Magnus/Spier* [Hg], Liber amicorum for *Helmut Koziol* [2000] 49 ff, 65 f, der die *„Schwäche der Begründung für die Rechtfertigungsthese [...] aus dem allgemeinen abtreibungsfreundlichen Meinungsklima"* erklärt [65 f]; *Hirsch*, Arzthaftung bei fehlgeschlagener Familienplanung [2002] 114 ff). Dementsprechend hat der OGH in der Folgeentscheidung 6 Ob 303/02f die Frage ausdrücklich offengelassen, ob die eugenische Indikation einen Rechtfertigungsgrund darstellt und die Vorentscheidung lediglich aus Billigkeitsgründen verteidigt. Eine Auseinandersetzung mit der Kritik wurde mangels fallbezogener Notwendigkeit nicht in Angriff genommen.

Bemerkenswert ist auch, dass der OGH im Urteil 6 Ob 40/04g ausgesprochen hat, die tatsachenwidrige Behauptung, jemand wirke an eugenisch indizierten Abtreibungen mit, könne eine Ehrenbeleidigung iSd § 1330 ABGB mit sich bringen. Auch dies könnte als Relativierung der Rechtfertigungsthese angesehen werden, zumal nicht einmal jede Unterstellung rechtswidrigen Handelns eine Ehrenbeleidigung darstellen muss (vgl *Reischauer* in *Rummel*, ABGB II/2b^3 [2004] RZ 1 zu § 1330).

Einschlägige Judikatur des Verwaltungsgerichtshofes (VwGH) liegt, soweit ersichtlich, nicht vor.

c) Der deutlich überwiegende Teil der Lehre hat die Qualifikation der „Fristenlösung" als Rechtfertigungsgrund stets abgelehnt, auch wenn deren genauere dogmatische Einordnung nach wie vor umstritten ist (vgl *Aicher* in *Rummel*, ABGB I^3 [2000] RZ 2 ff zu § 22; *F. Bydlinski*, Der Schutz des Ungeborenen in zivilrechtlicher Sicht, in: *Pammer/Weiler* [Hg], Volle Menschenrechte für das ungeborene Kind [1980] 91 ff; *ders*, Verhandlungen 6. ÖJT II/4 [1976] 50; *P. Bydlinski*, Bürgerliches Recht Allgemeiner Teil [2000] 30; *Eder-Rieder* in Wiener Kommentar zum StGB^2 [2001] RZ 1 ff zu § 97; *Faistenberger* ua, Allgemeiner Teil des bürgerlichen Rechts^2 [1992] 226; *Fuchs*, Grundfragen der Notwehr [1986] 108 f; *Fuchs/Reindl*, Strafrecht Besonderer Teil [2003] 58; *Groiss/Schantl/Welan*, Der verfassungsrechtliche Schutz des menschlichen Lebens, ÖJZ 1978, 5; *Hirsch*, aaO 107 ff; *Koziol*, Haftpflichtrecht^3 [1997] 32 FN 75; *Koziol/Welser*, Bürgerliches Recht I^{11} [2000] 76; *Krejci* in *Rummel*, ABGB I^3 RZ 71 zu § 879; *Lewisch*, Besonderer Teil I^2 [1999] 94 f; *ders* in

Wiener Kommentar zum StGB[2] [2003] RZ 39 zu § 3; *Marschall*, Die Strafrechtsauslegung im wissenschaftlichen Meinungsstreit von Theorie und Praxis, ÖJZ 1977, 10; *Mayerhofer*, Strafrecht, Erster Teil[5] [2000] 519; *Mayer-Maly*, Verhandlungen des 6. ÖJT II/4 [1976] 82; *Piskernigg*, Die Selbsthilferegelung des ABGB [1999] 247 ff; *Platzgummer*, Der Ungeborene im österreichischen Strafrecht, in: Der Status des Embryos [1989] 189; *Rebhahn*, Schadenersatz wegen der Geburt eines nicht gewünschten Kindes?, JBl 2000, 269 f; *Schick*, Die Einwilligung in den Schwangerschaftsabbruch, in: *Moos ua*, Festschrift für *Udo Jesionek* [2002] 474 ff, 482; *Schmoller* in *Triffterer*, StGB-Kommentar [1993] RZ 18 ff zu § 97; *Triffterer*, Österreichisches Strafrecht Allgemeiner Teil[2] [1993] 204; *Schwind*, Familienrecht [1984] 55; *Selb*, Rechtsordnung und künstliche Reproduktion des Menschen [1987] 50; *Waldstein*, Rechtserkenntnis und Rechtsprechung, Bemerkungen zum Erkenntnis des VfGH über die Fristenlösung, JBl 1976, 510).

Die Mindermeinung nimmt hingegen sehr wohl eine rechtfertigende Wirkung an (vgl *Bernat*, Recht und Humangenetik – ein österreichischer Diskussionsbeitrag, in: *Deutsch/Klingmüller/Kullmann* [Hg], Festschrift für *Erich Steffen* [1995] 35 ff; *ders*, Unerwünschtes Leben, unerwünschte Geburt und Arzthaftung, in: *Bernat/Böhler/Weilinger* [Hg], Festschrift für *Heinz Krejci* II [2001] 1069 ff; *ders*, Schutz vor genetischer Diskriminierung, JRE 2002, 205 ff; *Engel*, Haftung Dritter für die unerwünschte Geburt eines Kindes, ÖJZ 1999, 633; *Fabrizy*, StGB[8] [2002] RZ 1 zu § 97; *Gamerith*, Zustimmung des gesetzlichen Vertreters zur Schwangerschaftsunterbrechung an einer Minderjährigen?, ÖA 1975, 26; *Kienapfel/Schroll*, Strafrecht Besonderer Teil I[5] [2003] 245 [zweifelnd]; *Kopetzki*, Rechtliche Aspekte des Embryonenschutzes, in: *Körtner/Kopetzki* [Hg], Embryonenschutz – Hemmschuh für die Biomedizin? [2003] 53; *Leukauf/Steininger*, Kommentar zum StGB[3] [1992] RZ 1 zu § 97; *Pichler* in *Rummel*, ABGB I[3] RZ 2 zu § 274; *Tschulik*, Besondere Rechtfertigungs-, Entschuldigungs-, Strafausschließungs- und Strafaufhebungsgründe, in: Zum neuen Strafrecht, Referate zum besonderen Teil des Strafgesetzbuches, Richterwoche 1974, 137; *Zipf* in Wiener Kommentar[1] [1986] RZ 3 f zu § 97).

Schild (Die strafrechtliche Regelung des Irrtums, ÖJZ 1979, 173 ff) und *Dearing* (in: *Eser/Koch* [Hg], Schwangerschaftsabbruch im internationalen Vergleich, Teil I: Europa [1988] 1079 ff) vertreten in gewisser Hinsicht einen „Mittelweg", wenn sie die Kategorie des „Unrechtsausschließungsgrundes" (*Schild*) bzw des „Rechtswidrigkeitsausschlusses" (*Dearing*) etablieren. Demnach soll gewissermaßen das formale Element der Rechtswidrigkeit beseitigt werden, das

Verhalten in materieller Hinsicht jedoch uU weiterhin die Missbilligung der Rechtsordnung erfahren; worin diese Missbilligung freilich im einzelnen besteht, wird nicht restlos geklärt (nach *Schild* ist etwa Notwehr gegen solche Handlungen zulässig [aaO 180], bei *Dearing* [aaO 1103 ff] scheint die weiterhin bestehende „Unrechtssanktion" bloß appellativen Charakter zu haben).

Die medizinisch-vitale Indikation iSd § 97 (1) Z 1 1. Fall, Z 3 und (2) StGB wird einhellig als Rechtfertigungsgrund angesehen, zumal sich dies auch aus dem Gesetz zweifelsfrei ergibt (vgl [2] leg cit, der in diesem Fall die Rechtspflicht für medizinisches Personal vorsieht, eine Abtreibung durchzuführen bzw an ihr mitzuwirken). Was die Indikationen des § 97 (1) Z 2 StGB betrifft, stellt sich die Meinungslage differenzierter dar. Die hA sieht auch in der „einfachen" medizinischen Indikation einen Rechtfertigungsgrund, bezüglich der eugenischen Indikation sowie der Indikation der Unmündigkeit werden recht differenzierte Auffassungen vertreten (zum Meinungsstand *Eder-Rieder*, aaO RZ 12 ff zu § 97; *Hirsch*, aaO 111 ff; *Schmoller*, aaO RZ 24 ff zu § 97; jeweils mwN).

3. Rechtliche Einordnung der Fristenregelung

a) Die von der weitaus überwiegenden Lehre vertretene Ablehnung der „Fristenlösung" als Rechtfertigungsgrund ist zutreffend, die für eine Rechtfertigungswirkung ins Treffen geführten Argumente halten einer näheren Überprüfung nicht stand.

Manche versuchen, auf Basis historischer Interpretation anhand der einschlägigen Gesetzesmaterialien die Rechtfertigungswirkung des § 97 (1) Z 1 StGB zu begründen (zB *Bernat* und *Kopetzki*, jeweils aaO) und verweisen insbesondere auf den Bericht des Justizausschusses (959 Blg StProt NR, XIII. GP). Bei genauer Betrachtung bringt jedoch gerade die Lektüre des JAB höchst unterschiedliche Anhaltspunkte zutage (*Hirsch*, aaO 107), sodass der von manchen daraus gezogene Schluss auf die Rechtfertigungswirkung der „Fristenlösung" allenfalls vertretbar, aber keineswegs zwingend erscheint.

Des weiteren ist zu beachten, dass im Rahmen der historischer Interpretation, wenn sie denn schon in Angriff genommen wird, bei der Auswahl der Dokumente nicht selektiv (etwa durch Beschränkung auf den JAB) vorgegangen werden darf. Von tragfähigen, aus historischer Analyse gewonnenen Schlussfolgerungen kann man nur dann sprechen, wenn das vorhandene Material in einer Gesamtschau gewürdigt wird. Die von den Vertretern der „Rechtfertigungsthese" vorgetragenen Überlegungen genügen diesen Anforderungen nicht. Tatsächlich zeigt eine entsprechende historische Untersuchung gerade die Widersprüchlichkeit der in der Diskussion vor Einführung der „Fristenlösung" von deren (parlamentarischen) Befürwortern ins Treffen geführten Argumente, sodass auf Basis historischer Interpretation für die Rechtfertigungswirkung des § 97 (1) Z 1 StGB keine hinreichenden Anhaltspunkte gewonnen werden können (*Piskernigg*, aaO 266 ff; zustimmend *F. Bydlinski*, Liber amicorum 53), wie dies etwa folgende Beispiele zeigen:

So wurde in der parlamentarischen Diskussion auch von Fristenlösungsbefürwortern immer wieder die Schützwürdigkeit des ungeborenen Lebens betont und die partielle Aufhebung der Strafbarkeit mit der Ineffizienz der strafrechtlichen Bestimmungen begründet, welche es gebiete, im Interesse des Lebensschutzes andere Wege zu gehen. Dieses Argument wäre von einem Standpunkt, welcher die Abtreibungsfreiheit als „Frauenrecht" ansieht, evidentermaßen sinnlos, da unter dieser Prämisse ein effizientes Verbot umso mehr aufgehoben werden müsste. In der Nationalratssitzung vom 29. 11. 1973, in der das Strafgesetzbuch und damit die „Fristenlösung" erstmals mit knapper Mehrheit beschlossen wurden, stimmte das Parlament außerdem einstimmig für einen Entschließungsantrag, demgemäß Abtreibungen nicht als gesellschaftspolitisch wünschenswerte Maßnahme angesehen werden dürfen und die Bundesregierung zur Setzung flankierender Maßnahmen zur Verhinderung von Abtreibungen aufgefordert wird.

Auch die im Zusammenhang mit dem Slogan „Helfen statt strafen" stehende Argumentation ist im Bereich der Schuld- bzw Strafausschießungsgründe angesiedelt. Wer ein Recht auf Abtreibung vertritt, braucht die Aufhebung der Strafbarkeit nicht mit Hinweis auf psychologische Motive bzw die Hilfsbedürftigkeit der betroffenen Frau zu verteidigen. Insoweit bleibt auch der JAB selbst in sich widersprüchlich, da er einerseits von einer Rechtfertigungswirkung des § 97 ausgeht, diese Wirkung jedoch andererseits mit Überlegungen begründet, wie sie ansonsten für Schuld- bzw Strafausschießungsgründe ins Treffen geführt werden.

Diese Argumentation erinnert an die Begründung der ebenfalls mit dem StGB erfolgten Aufhebung der (Rest-) Strafbarkeit der Prostitution unter gleichzeitiger Beibehaltung der Strafbarkeit der Begleitkriminalität (zB Zuhälterei), welche ebenfalls mit dem Schutz der betroffenen Frauen begründet wurde (vgl EB zur RV vom 17. 11. 1971, 30 Blg StProt NR, XIII. GP, 361). Damit sollten die Prostitution besser kontrolliert und leichter Maßnahmen zum Schutz der Gesundheit gesetzt werden können (vgl etwa §§ 6 ff Wiener Prostitutionsgesetz). Dennoch bleibt die Prostitution sittenwidrig und kann zB nicht Gegenstand eines gültigen Vertrages werden (OGH 3 Ob 516/89; *Krejci* in *Rummel* I[3] RZ 75 ff zu § 879).

Den Gesetzesmaterialien ist auch keinerlei Hinweis zu entnehmen, aus welchen Sachüberlegungen Abtreibung in den ersten drei Monaten als rechtmäßig, eine logische Sekunde später jedoch als (sogar strafbewehrtes) Unrecht angesehen werden könnte. Das (nicht) geschützte Rechtsgut bleibt nämlich dasselbe. Dasselbe Problem ergibt sich für jene, die im Fall der Indikationen die Geburt als Scheidewand zwischen Recht und Unrecht ansehen. Der bloße Entfall der Strafbarkeit aus pragmatisch-kriminalpolitischen Gründen ließe sich in beiden Fällen eher nachvollziehen.

Im übrigen wäre der Rückgriff auf die historische Interpretation hier allenfalls aus wissenschaftlichem Interesse zulässig. Rechtsverbindlichkeit könnte hingegen auch ein klares Ergebnis aus methodischen Gründen nicht erlangen; dies folgt aus der im wesentlichen allgemein anerkannten Rangfolge der Interpretationsmethoden, wie sie insbesondere von *F. Bydlinski* herausgearbeitet worden ist (Juristische Methodenlehre und Rechtsbegriff[2] [1991] 553 ff; weiters in *Rummel*, ABGB I[3] RZ 25 f zu § 6; jeweils mwN). Demnach besteht grundsätzlich ein Vorrang der grammatikalischen und systematisch-logischen vor der subjektiv-historischen Auslegung. Dies gilt auch für das öffentliche Recht (VfSlg 11499/1987; VwGH Zl 2001/06/0057; *K. Korinek*, Zur Interpretation von Verfassungsrecht, in: *H. Mayer* ua [Hg], Festschrift für *Robert Walter* [1991] 368 ff).

Wortinterpretation sowie systematisch-logische Interpretation liefern hier eindeutige Ergebnisse: Von einer Rechtfertigungswirkung ist im § 97 (1) Z 1 StGB nicht die Rede. An anderer Stelle hat der Gesetzgeber des StGB, wo er eine Handlung für „nicht rechtswidrig" erklären wollte, dies sehr wohl explizit ausgesprochen (vgl § 90 [2] betreffend die Sterilisation). Auch der systematische Zusammenhang mit § 22 ABGB spricht eindeutig gegen die Rechtfertigungsthese; diese Bestimmung lautet:

„Selbst ungeborne Kinder haben von dem Zeitpunkte ihrer Empfängnis an einen Anspruch auf den Schutz der Gesetze. Insoweit es um ihre und nicht um die Rechte eines Dritten zu tun ist, werden sie als Geborne angesehen; ein totgebornes Kind aber wird in Rücksicht auf die ihm für den Lebensfall vorbehaltenen Rechte so betrachtet, als wäre es nie empfangen worden."

Daraus folgt, dass der nasciturus teilrechtsfähig ist ab dem Zeitpunkt der Empfängnis (*Aicher*, aaO RZ 2), weshalb seine Verletzung rechtswidrig ist (*Aicher*, aaO RZ 3). Neben dem klaren Wortlaut spricht die ebenso klare Absicht des Gesetzgebers (vgl *Zeiller*,

Commentar über das allgemeine bürgerliche Gesetzbuch I [1811] 550) für dieses Auslegungsergebnis, sodass damit die durch Auslegung nicht überschreitbare lex lata Grenze bestimmt ist (*F. Bydlinski* in *Rummel* I³ RZ 25 lit e zu § 6).

Dem Ungeborenen kommen somit ebenso wie dem Geborenen die in § 16 ABGB (*„Jeder Mensch hat angeborne, schon durch die Vernunft einleuchtende Rechte, und ist daher als eine Person zu betrachten. [...]*) genannten Rechte zu (*F. Bydlinski* in *Pammer/Weiler* 91 f; *Hirsch*, aaO 105 f mwN). Diese Bestimmung hat materiell Grundrechtscharakter und beinhaltet die Anerkennung der Menschenwürde (grundlegend *Ermacora*, Handbuch der Grundfreiheiten und Menschenrechte [1963] 39; zur Anerkennung der gleichen Menschenwürde Ungeborener vgl bereits *Zeiller*, Zeitschrift für österreichische Rechtsgelehrsamkeit und politische Gesetzeskunde 1825, 211 ff). Nach der Judikatur des VfGH bildet die Menschenwürde die Grundlage unserer Rechtsordnung (VfSlg 13635/1993).

Gründe, weshalb der Vorrang der eben dargelegten grammatikalischen und systematisch-logischen Überlegungen vor allfälligen subjektiv-historischen bei (isolierter) Auslegung des § 97 StGB ausnahmsweise nicht gelten sollte und ein so für den strafrechtlichen Bereich erzieltes Auslegungsergebnis qua „Funktionswandel“ auch eine Änderung der bezughabenden älteren zivilrechtlichen Bestimmungen bewirken könnte, sind hier nicht gegeben (vgl *F. Bydlinski* in *Rummel*, ABGB I³ RZ 25 lit d zu § 6). Ein allfälliges anderes, auf Basis historischer Interpretation gewonnenes Ergebnis – welches, wie bereits gezeigt, hier ohnehin nicht vorliegt – könnte somit schon aus methodischen Gründen nicht als Begründung verbindlicher Rechtsakte herangezogen werden.

b) Für die Rechtfertigungsthese wird weiters eine „Dominanz des Selbstbestimmungsrechts der Schwangeren im Anfangsstadium“ in den Raum gestellt (vgl *Kienapfel/Schroll*, aaO). Tatsächlich ist die Frau zur Erreichung der Straflosigkeit im Rahmen der „Fristenlösung“ an keine inhaltlichen Begründungserfordernisse gebunden. Aus dem bloßen „Selbstbestimmungsrecht“ ein Recht auf Tötung eines anderen abzuleiten, setzt freilich voraus, dass dem Lebensrecht des Todgeweihten (hier: des Ungeborenen) praktisch keinerlei Bedeutung zukommt, was angesichts des § 22 ABGB eindeutig nicht der Fall ist. Eine Tötungsbefugnis unter bloßer Berufung auf das „Selbstbestimmungsrecht“ kommt nach aktueller Rechtslage nicht einmal mehr bei Tieren in Betracht. Die Tötung von Tieren ist vielmehr nur aus bestimmten Gründen zulässig (vgl § 6 Tierschutzgesetz [TSchG]). Umso weniger kann daher das „Selbstbestimmungsrecht“ per se einen rechtfertigenden Grund darstellen, ein ungeborenes Kind zu töten bzw töten zu lassen, das, soweit es dessen Rechte betrifft, den Geborenen gemäß § 22 ABGB gleichgestellt wird (zu Spezifika des Verhältnisses zwischen Schwangerer und ungeborenem Kind und sich daraus allenfalls ergebenden Schlussfolgerungen siehe unten Pkt 4. b).

c) Darüber hinaus wird versucht, ein systematisches Argument für die Rechtfertigungsthese aus § 97 (3) StGB (Benachteiligungsverbot) zu gewinnen: Wenn Abtreibung im Rahmen der „Fristenlösung" tatsächlich rechtswidrig wäre, wäre auch der bezughabende Vertrag ungültig und der Arzt bzw die Schwangere eventuell sogar Nothilfehandlungen ausgesetzt, was gegen das Benachteiligungsverbot verstieße (*Bernat*, FS *Steffen*, 40). Die Bedeutung des § 97 (3) StGB für die Frage der Rechtmäßigkeit von Abtreibungen im Rahmen der „Fristenlösung" erscheint tatsächlich bisher ungeklärt (*Lewisch* in Wiener Kommentar[2] RZ 39 aE zu § 3). Die Klärung hat nun unter den oben (a) dargelegten methodischen Rahmenbedingungen zu erfolgen.

Der Begriff Benachteiligung (Diskriminierung) als Gegensatz zur Gleichbehandlung beinhaltet in seiner Grundaussage *„jede benachteiligende Differenzierung, die ohne sachliche Rechtfertigung vorgenommen wird"* (so etwa für den arbeitsrechtlichen Bereich *Schwarz/Löschnigg*, Arbeitsrecht[7] [1999] 407). Dem entspricht im wesentlichen die vom VfGH im Rahmen der Judikatur zum Gleichheitssatz entwickelte Terminologie (vgl aus der älteren, bereits zum Zeitpunkt der Vorbereitung bzw Erlassung des StGB einschlägigen Judikatur zB VfSlg 2088, 3754, 4392). Für das in diesem Bereich immer mehr an Bedeutung gewinnende Gemeinschaftsrecht unterscheidet in Zusammenschau der unterschiedlichen Diskriminierungsbereiche (allgemeine Diskriminierung, Diskriminierung aufgrund der Staatsangehörigkeit etc) *Plötscher* (Der Begriff der Diskriminierung im Europäischen Gemeinschaftsrecht [2003] 277 f) unmittelbare und mittelbare Diskriminierung.

Maßgebliches Kriterium für die unmittelbare Diskriminierung ist demnach *„die tatbestandliche Anknüpfung an das jeweils untersagte Differenzierungskriterium, d.h. eine unmittelbare Anordnung unterschiedlicher Rechtsfolgen für die Vergleichsgruppen. Im Blickfeld steht damit die direkte Ungleichbehandlung und weniger die ungleiche Auswirkung einer Maßnahme im Ergebnis."* Dagegen sind *„mit dem Begriff der ‚mittelbaren Diskriminierung' [...] partielle Verschiebungen bzw Erweiterungen hin zu ‚neutralen' Unterscheidungsmerkmalen verbunden. [...] Zu prüfen sind immer zwei Elemente: (1) eine spezifische unterschiedliche Betroffenheit der Vergleichsgruppen durch die Anwendung eines ‚neutralen' Kriteriums sowie (2) das Fehlen ei-*

ner sachlichen Rechtfertigung für das betroffene Kriterium." Diese Begrifflichkeit war in wesentlichen Punkten bereits zum Zeitpunkt der Erlassung des StGB gegeben (vgl Übereinkommen über die politischen Rechte der Frau, BGBl Nr 256/1969; Internationales Übereinkommen über die Beseitigung aller Formen rassischer Diskriminierung, BGBl Nr 377/1972; Übereinkommen über die Diskriminierung in Beschäftigung und Beruf, BGBl Nr 111/1973; Bundesverfassungsgesetz vom 3. 7. 1973 zur Durchführung des internationalen Übereinkommens über die Beseitigung aller Formen rassischer Diskriminierung, BGBl Nr 390/1973) und darf daher als vom Gesetzgeber des StGB vorausgesetzt gelten.

Die für die Rechtfertigungsthese als im Widerspruch zu § 97 (3) StGB ins Treffen geführten, bei gegenteiliger Auffassung auftretenden Rechtsfolgen (zB Nichtigkeit des Abtreibungsvertrages) entsprechen den oa Diskriminierungsbegriffen nicht. Dabei kann dahingestellt bleiben, ob das Benachteiligungsverbot als bloß staatsgerichtet oder auch inter privatos geltend angesehen wird (grundsätzlich gegen die Geltung inter privatos *Schmoller*, aaO RZ 39 zu § 97; eine gewisse Rechtswirkung auch unter Privaten bringt allerdings § 6 [3] KAKuG mit sich, demgemäß Anstaltsordnungen in [auch privaten] Krankenanstalten keine nachteiligen Folgen für an Abtreibungen beteiligte Personen enthalten dürfen). Die fraglichen Rechtsfolgen knüpfen nämlich nicht an der Abtreibung an sich an, sondern gelten ganz allgemein für jegliche rechtswidrige Handlung, sodass keine unmittelbare Diskriminierung iS einer „*unmittelbare[n] Anordnung unterschiedlicher Rechtsfolgen für die Vergleichsgruppen*" (hier: rechtswidrig wegen Verstoßes gegen § 22 ABGB gegenüber rechtswidrig wegen Verstoßes gegen andere Rechtsnormen Handelnde) vorliegt. Auch eine mittelbare Diskriminierung ist aus denselben Gründen nicht ersichtlich, da weder eine unterschiedliche Betroffenheit der Vergleichsgruppen von den Rechtswidrigkeitsfolgen noch das Fehlen einer sachliche Rechtfertigung gegeben sind.

Dementsprechend wird etwa von der Judikatur (vgl OGH 2 Ob 702/87, ihm folgend die hL, vgl *Schmoller*, aaO RZ 40 zu § 97) zB anerkannt, dass Abtreibung grundsätzlich als schwere Eheverfehlung (nunmehr § 49 EheG) einen Scheidungsgrund darstellen kann. Eine Scheidung aus Verschulden zieht freilich gravierende (nicht nur vermögensrechtliche) Folgen für den schuldigen Teil nach sich. Auch der OGH folgt somit der Ansicht, jegliche mit einer Abtreibung verbundene negative Rechtsfolge widerspreche § 97 (3) StGB, offenkundig nicht.

Ein Größenschluss idS, dass, sofern bereits negative organisationsrechtliche Folgen (vgl § 6 [3] KAKuG) für an Abtreibungen Beteiligte unzulässig sind, dies umso mehr für die zT noch weit drastischeren allgemeinen Rechtswidrigkeitsfolgen gelten müsse (*Piskernigg*, aaO 261 ff), ist unzulässig, da dabei die Inkommensurabilität der in Frage stehenden Rechtsfolgen übersehen wird. Kein Diskriminierungsverbot kann den von ihm geschützten Subjekten eine schlechthin unangreifbare, den sonstigen Ge- und Verboten der Rechtsordnung exemte Rechtsstellung verleihen.

Dies möge folgendes Beispiel illustrieren: Straftätern einen Weg zurück in die Gesellschaft zu ermöglichen („Resozialisierung"), ist Zweck verschiedener Gesetzesbestimmungen (zB §§ 32 [2], 36, 50 ff StGB; §§ 6 [1] Z 2 lit a, 20, 24, 48, 56 ff, 75, 93 ff, 144 ff Strafvollzugsgesetz [StVG]; vgl weiters etwa das Bewährungshilfegesetz). Von diesem Zweck her könnte man analog zu den oa Antidiskriminierungsbestimmungen ein Benachteiligungsverbot zugunsten von Straftätern (sogar im privatrechtlichen Bereich) vertreten, damit diese nicht an den Rand der Gesellschaft gedrängt werden können (was auch in bezug auf die von Abtreibungen betroffenen Frauen zu den unbestrittenen Zwecken der befristeten Straffreistellung gehören dürfte) und so deren Resozialisierung erleichtert wird. Einem Straftäter dürfte damit bloß aufgrund seiner kriminellen Vergangenheit zB kein Lokalverbot erteilt werden, er dürfte keine arbeitsrechtlichen Nachteile erleiden (etwa wenn sein Arbeitgeber von der kriminellen Vergangenheit erfährt) etc.

Selbst wenn man aber ein solches Diskriminierungsverbot sogar bei strafbewehrten Handlungen bejahen (oder sogar explizit gesetzlich festschreiben) würde, folgte daraus keineswegs, dass die an die rechtswidrige (bzw sogar strafbewehrte) Handlung als solche anknüpfenden Rechtsfolgen aufgehoben würden. Wenn man daher auch zB einem Hehler Diskriminierungsschutz zubilligen wollte, so folgte daraus selbstverständlich nicht die Rechtsgültigkeit des Vertrages über die hehlerische Handlung.

Selbstverständlich ist hier keine abschließende Stellungnahme zur Frage des Benachteiligungsverbots von Straftätern beabsichtigt. Diese Überlegung soll lediglich folgendes verdeutlichen: Hier wie dort nehmen die Folgen rechtswidriger Handlungen ihren Ausgangspunkt nicht in der vor Diskriminierung geschützten Eigenschaft (Straftätereigenschaft, Beteiligtsein an Abtreibungen als solche), sondern in der allgemeinen Stellung eines Rechtsunterworfenen, und können daher nicht als dem Diskriminierungsverbot widersprechend angesehen werden bzw qua Größenschluss beseitigt werden.

Dagegen kann auch nicht das an sich zutreffende methodische Argument, demgemäß einer Rechtsnorm durch Auslegung grundsätzlich nicht der Anwendungsbereich entzogen bzw die Norm im Zweifel nicht so interpretiert werden darf, dass sie überflüssig wird, weil sich ihre Rechtsfolgen praktisch bereits aus anderen Normen ergeben (*F. Bydlinski* in *Rummel*, ABGB I[3] RZ 18 zu § 6), ins Treffen geführt werden. Staatsgerichtet stellt § 97 (3) StGB nämlich klar, dass etwa beim Bezug öffentlicher Leistungen bzw im Rahmen der Privatwirtschaftsverwaltung an Abtreibung beteiligte Personen aufgrund dessen nicht benachteiligt werden dürfen. Inwieweit sich die Schutzrichtung – über § 6 (3) KAKuG hinaus – auch inter privatos erstreckt, kann hier dahingestellt bleiben. Wäre dies der Fall, folgte daraus die Einschränkung der Privatautonomie (die Privaten grundsächlich auch unsachliche Differenzierungen gestattet) um einen weiteren Antidiskriminierungstatbestand, was ebenfalls einen eigenständigen normativen Gehalt mit sich brächte. Schließlich ist nicht zu übersehen, dass § 97 (3) StGB, sofern er sich nur an den Staat richtete, jedenfalls auch eine bloße Normwiederholung – nämlich das sich selbstverständlich schon nach allgemeinen Regeln ergebende Benachteiligungsverbot zugunsten nicht an Abtreibung Beteiligter (somit rechtmäßig Handelnder) – enthielte, sodass selbst bei Fehlen eigenständiger normativer Bedeutung das hier erörterte methodische Argument nicht einschlägig wäre; dieses gilt nämlich nur im Zweifel, der damit widerlegt wäre.

Dagegen können aus methodischen Gründen schließlich ebensowenig allfällige aus historischer Interpretation gewonnene gegenteilige Anhaltspunkte ins Treffen geführt werden, zumal solche angesichts der Widersprüchlichkeit des Anschauungsmaterials überdies nicht mit hinreichender Sicherheit auszumachen wären (vgl oben a).

4. Rechtsnatur der Indikationstatbestände, Schlussbemerkung

a) Die Indikationen des § 97 (1) Z 2, 3 und (2) StGB werden überwiegend als Rechtfertigungsgründe gedeutet (s oben 2. b, c). Die hA vermag jedoch, außer im Fall der vitalen Indikation, einer näheren Prüfung nicht standzuhalten. Dies wird im folgenden für die „einfache“ (nicht die vitale, bei der Leben gegen Leben steht) medizinische Indikation (§ 97 [1] Z 2 2. Fall StGB) zu zeigen sein, für deren Rechtfertigungswirkung die im Vergleich stärksten Argumente vorgebracht werden.

Für die Rechtfertigungsthese werden historische Argumente ins Treffen geführt: Bereits vor Erlassung des StGB sei die medizinische Indikation als Rechtfertigungsgrund anerkannt gewesen, der Gesetzgeber habe daran sicherlich nichts ändern wollen (*Hirsch*, aaO 112 f mwN, auch auf Literatur und Judikatur zum vor Erlassung des

StGB geltenden Strafgesetz [StG]). Bei aller Widersprüchlichkeit des historischen Anschauungsmaterials, die ansonsten das Auffinden valider Anhaltspunkte für die Qualifikation des § 97 (1) StGB verhindert, wird man dem zustimmen können. Dieser Befund ist allerdings aufgrund der allgemein anerkannten Rangfolge der Interpretationsmethoden, dergemäß den Ergebnissen der Wortinterpretation und der systematisch-logischen Interpretation der Vorrang zukommt, nicht maßgeblich (vgl oben 3. a).

Überdies war auch im StG die Rechtfertigungswirkung der medizinischen Indikation nicht ausdrücklich normiert; der Wortlaut der einschlägigen Bestimmungen lautete vielmehr *„wird nicht bestraft“* (§ 344 StG) bzw *„ist [...] nicht strafbar“* (§ 499b StG). Gegenteiliges folgte auch aus dem Wortlaut des § 357a StG nicht. Dennoch wurden diese Bestimmungen von der Judikatur zur Begründung der rechtfertigenden Wirkung der medizinischen Indikation herangezogen (vgl zB OGH SSt XXX/111). Auch die Lehre, auf welche sich der OGH berief, war in sich widersprüchlich. So wurde einerseits betont, dass nur der gerechtfertigt sei, *„wer ein im Rechtssinn höherwertiges, u. zw. ein zweifellos höherwertiges Gut auf Kosten eines geringerwertigen rettet“* (*Rittler*, Lehrbuch des österreichischen Strafrechts I^2 [1954] 144). Andererseits wurde – trotz des bereits damals geltenden § 22 ABGB, der Ungeborene, soweit es ihre Rechte betrifft, Geborenen gleichstellt – ohne weitere Begründung behauptet, die medizinische Indikation habe, selbst wenn keine Lebensgefahr für die Schwangere bestehe, rechtfertigende Wirkung, was sich schon aus dem Prinzip der Güterabwägung ergebe (*ders*, Lehrbuch II^2 [1962] 20).

b) Die auf Basis des geltenden StGB entwickelten systematischen Argumente für die Rechtfertigungsthese (vgl *Hirsch*, aaO 113 f mwN, wo allerdings die unterschiedlichen Problemlagen von „einfacher“ medizinischer Indikation einerseits u vitaler Indikation andererseits vermengt werden) überzeugen ebenfalls nicht. Aus der unterschiedlichen Strafhöhe kann per se kein Schluss auf die Wertigkeit der betroffenen Rechtsgüter gezogen werden (*Schmoller*, aaO Vorbem zu §§ 96-98 RZ 21). So sind Eingriffe in persönliche Rechtsgüter teilweise mit geringeren Strafen bedroht als Eingriffe in das Vermögen (was denn auch rechtspolitisch immer wieder kritisiert wird), obgleich die persönlichen Rechtsgüter dem Grundsatz nach die materiellen überwiegen (*Lewisch* aaO Nachbem zu § 3 RZ 77). Die Strafhöhe bzw bereits das Ob der Strafbewehrung als solches können aus den unterschiedlichsten kriminalpolitischen Erwägungen resultieren (dazu BVerfG aaO D. II. ff; vgl auch die Privilegierung der Mutter bei der ansonsten als Mord zu betrachtenden Kindestötung gemäß § 79 StGB).

Die strafrechtlichen Abtreibungsbestimmungen können aus denselben Gründen auch keine (teilweise) materielle Derogation des § 22 ABGB bewirken, und zwar (entgegen *Piskernigg*, aaO 274 ff) auch nicht in Verbindung mit § 17 Fortpflanzungsmedizingesetz (FMedG), der die Aufbewahrungsfrist für Embryonen in vitro beschränkt (*Hirsch*, aaO 109 FN 476). Gemäß § 17 FMedG müssen nach Ende der Aufbewahrungsfrist die Embryonen aus der Kryokonservierung genommen werden, was ihr Absterben zur Folge hat. Der sehr spezifische Bereich der künstlichen Fortpflanzung hat eine Fülle völlig neuartiger Probleme und va auch Missbrauchsgefahren aufgeworfen. Dass der Gesetzgeber dem mit einer drastischen Regelung wie dem § 17 FMedG begegnet, ist vom Standpunkt des Lebensschutzes scharfer Kritik unterzogen worden (vgl *F. Bydlinski*, Die Gerechtigkeit des Gesetzgebers, in: *Stabentheiner* [Hg], Mietrecht in Europa [1996] 12 f, 15). Tatsächlich ist die Verfassungsmäßigkeit des § 17 FMedG angesichts der die Menschenwürde als Basis unserer Rechtsordnung anerkennenden Judikatur des VfGH mit guten Gründen hinterfragbar. Aus diesen Gründen ist jedenfalls eine solche einzelne, problematische, vom Gesetzgeber in einer äußerst speziellen, diffizilen und neuartigen Regelungsmaterie angesichts vielfältiger Missbrauchsgefahren getroffene Regelung nicht als Ausdruck einer generellen Wertungsänderung anzusehen und auch nicht für die Interpretation anderer Rechtsgebiete fruchtbar zu machen, zumal überdies § 22 ABGB in keiner Weise verändert wurde.

Ebensowenig kann die Rechtfertigungsthese in einer „umfassenden Interessenabwägung“ (so aber der OGH in der inzwischen relativierten Entscheidung 1 Ob 91/99k betreffend die eugenische Indikation) eine Stütze finden, wie sie etwa im Zusammenhang mit dem rechtfertigenden Notstand begründet wurde. Das Leben des ungeborenen Kindes ist aufgrund der Gleichstellung gemäß § 22 ABGB ebenso ein Höchstwert wie das Leben eines geborenen Menschen und daher durch keine sonstigen Interessen relativierbar. *„Droht [...] durch die Rettungshandlung der sichere Verlust des (höchsten) Rechtsguts ‚Leben‘, so scheidet rechtfertigender Notstand zwingend und kategorisch aus“* (*Lewisch*, aaO RZ 71). Die gegenteilige Auffassung würde somit einen willkürlichen Bruch mit ansonsten allgemein anerkannten und bewährten Kriterien der Rechtfertigungsdogmatik bedeuten (*Piskernigg*, Ein Kind als Schaden?, Imago Hominis 1/2000, 12 ff). An diesem Befund kann auch das Vorhandensein allfälliger Interessen der Allgemeinheit an möglichst ungefährlichen Abtreibungen, weshalb Abtreibungen nicht der „Makel des Illegalen" anhaften solle (so erwogen vom OGH in 1 Ob 91/99k, kritisch *F. Bydlinski*, Liber amicorum 53 ff), nichts ändern (soweit dieses Argument aus historischen Überlegungen gewonnen wird, ist wiederum auf die Ausführungen oben Pkt 3. a zu verweisen).

Bisweilen wird versucht, durch Betonung der „Einzigartigkeit" des Verhältnisses zwischen Mutter und ungeborenem Kind das Lebensrecht des Ungeborenen gleichsam indirekt zu leugnen. So wird argumentiert, das Lebensrecht des Kindes bringe für die Schwangere nicht bloß Unterlassungspflichten (wie die Unterlassung der Tötung des Kindes), sondern auch Handlungspflichten bis weit über die Schwangerschaft hinaus mit sich. Abgesehen von den so entstehenden Unterhalts- und Obsorgepflichten erschöpfe sich schon das Austragen des Kindes selbst nicht in der bloß passiven Duldung und habe wesentliche Einschränkungen zur Folge. Daher sei es – auch bei grundsätzlicher Anerkennung der gleichen Würde des Ungeborenen – ausnahmsweise möglich, der Schwangeren die Rechtspflicht zum Austragen des Kindes nicht aufzuerlegen (exemplarisch BVerfG, aaO D. I. c).

Doch selbst diese subtile Argumentation stellt einen nicht zu rechtfertigenden Bruch mit ansonsten in durchaus vergleichbaren Fällen anerkannten Grundsätzen dar. Abgesehen von der Schwangerschaft können sehr wohl auch sonst Situationen entstehen, in denen die Respektierung des Lebensrechts eines anderen zT schwerwiegende, uU sogar lebensbedrohende Folgen hat, wie ein Beispiel von *Lewisch* (aaO RZ 73) zeigt: Ein Bergsteiger, der seinen (der Eindeutigkeit halber zu ergänzen: unter ihm befindlichen) Kameraden vom Seil schneidet, da die Gefahr besteht, dass das Seil sonst wegen Überlastung reißen könnte, ist nicht gerechtfertigt. Nach hM tritt selbst dann keine Rechtfertigungswirkung ein, wenn bei Unterbleiben der „Abwehrhandlung" beide Leben verlorengehen (*Lewisch*, aaO).

Eine solche Notsituation ist, insofern sie eine Art „Gefahrengemeinschaft" zwischen einem Stärkerem (oben befindlichen) und einem Schwächerem (unten befindlichen) mit sich bringt (aus der sogar Garantenpflichten entstehen können: *Nowakowski* in Wiener Kommentar zum StGB[1] [1982] RZ 28 zu § 2, der allerdings in RZ 18 im Verhältnis Mutter/ungeborenes Kind Garantenpflichten ohne zureichende Begründung bzw ohne Differenzierung zwischen Straf- und Zivilrecht ablehnt), mit einer medizinisch problematischen Schwangerschaft durchaus vergleichbar, sodass die Behauptung der „Einzigartigkeit" der Schwangerschaftssituation in der Form nicht haltbar ist. Man kann die hM, nach der die „Abwehrhandlung" auch dann nicht gerechtfertigt ist, wenn bei deren Unterbleiben beide Leben verlorengehen, durchaus für überspitzt halten. Sollte jedoch beim Absturz für den oben Befindlichen „lediglich" ein, wenn auch schweres, Gesundheitsrisiko bestehen, entspricht das Verbot des Durchschneidens des Seils allgemein anerkannten Notstandsgrundsätzen. Es ist kein Grund ersichtlich, weshalb man von diesen Grundsätzen im Falle einer Schwangerschaft abgehen und den Interessen der Schwangeren entgegen § 22 ABGB höheres Gewicht beimessen sollte.

Ein solcher Grund, so könnte weiter argumentiert werden, bestehe jedoch in der Tatsache, dass von den spezifischen Gefahren der Schwangerschaft nur Frauen betroffen seien, weshalb als „Ausgleich" eine weitergehende „Abwehrbefugnis" eingeräumt werden solle. Auch dieser Ansatz, der mit dem Grundgedanken der „positiven Diskriminierung" verwandt wäre, widerspräche freilich dem gemäß § 22 ABGB gleichen Lebensrecht ungeborener Kinder, auf welche ein frauenspezifisches Risiko überwälzt würde, ohne dass dafür irgendeine Begründung ersichtlich wäre. Dazu kommt, dass – statistisch gesehen – etwa die Hälfte der Ungeborenen Personen weiblichen Geschlechts sind.

Schließlich ist zu erwähnen, dass nicht nur die Zusammenschau mit § 22 ABGB, sondern noch ein weiteres systematisches Argument gegen die Rechtfertigungswirkung der („einfachen") medizinischen Indikation spricht. Läge die eben widerlegte, zur Rechtfertigung führende Interessenabwägung den Indikationen des § 97 (1) Z 1 und 2 zugrunde, so dürfte die Frau, sofern die Abtreibung von einem Nichtarzt durchgeführt wird, nicht mit Strafe bedroht sein, was sie jedoch sehr wohl ist (*Fuchs*, Grundfragen der Notwehr [1986] 108; *Platzgummer*, aaO 188 f). Der von *Hirsch* (aaO 110 f FN 482) entwickelte Versuch einer Widerlegung dieses systematischen Arguments mittels historischen Überlegungen scheitert wiederum in erster Linie an der Rangfolge der Interpretationsmethoden und in zweiter Linie an den Widersprüchlichkeiten des historischen Belegmaterials (vgl 3. a).

c) Aufgrund der eben dargelegten Schwierigkeiten, bei gleichzeitigem Festhalten am gleichen Lebensrecht Ungeborener den Rechtspositionen der Schwangeren einen Vorrang einzuräumen, wird von manchen versucht, entgegen § 22 ABGB aus verfassungsrechtlichen Erwägungen (*Kopetzki*, Grundrechtliche Aspekte der Biotechnologie am Beispiel des „therapeutischen Klonens", in: *Kopetzki/Mayer* [Hg], Biotechnologie und Recht [2002] 19 ff) oder teilweise sogar ohne gesetzliche Grundlage (*Schmoller*, aaO 22 ff) eine Abstufung des Lebensrechts zu begründen. Auf letztere braucht wegen des offenkundigen und nicht aufgelösten Widerspruchs zu

§ 22 ABGB nicht näher eingegangen zu werden. Auch aus der Verfassung folgt keine Widerlegung des bisher auf einfachgesetzlicher Basis ermittelten Auslegungsergebnisses.

Die Frage, ob Art 2 EMRK den Schutz des ungeborenen Lebens umfasst, wurde bisher vom EGMR offengelassen (vgl oben 2. b), vom VfGH und im Gefolge dessen auch vom OGH jedoch ausdrücklich verneint (VfSlg 7400/1974, OGH 1 Ob 91/99k). Ob diese (vom OGH, wie oben Pkt 2. b ausgeführt, möglicherweise ohnehin wieder relativierte) Rechtsansicht zutrifft, ist vor dem Hintergrund der neueren Judikatur des VfGH, welche die Menschenwürde als Fundament der Rechtsordnung anerkennt (näheres gleich unten), äußerst fraglich.

Das ältere Erkenntnis des VfGH (VfSlg 7400/1974) begründet den Ausschluss Ungeborener vom Schutzbereich des Art 2 EMRK damit, dass bei Bejahung der Anwendbarkeit dieser Bestimmung auf Ungeborene diese einen höheren („absoluten") Schutz genießen würden als Geborene: Abs (2) leg cit erlaube nämlich Tötungen unter bestimmten, nur bei Geborenen möglichen Umständen. Ein solches Ergebnis könne keinesfalls intendiert sein. *Kopetzki* (aaO 29 f) erweitert diese Argumentation dahingehend, dass der Staat keine Angriffe Privater auf das Leben anderer zulassen könne, die ihm selbst nicht gestattet seien. Da dem Staat in Art 2 (2) EMRK Abtreibungen nicht erlaubt seien, könne er diese, die Anwendbarkeit des Art 2 EMRK auf Ungeborene vorausgesetzt, auch bei Privaten unter keinen Umständen als rechtmäßig ansehen, was wiederum Ungeborene gegenüber Geborenen bevorzugen würde. Dies sei jedoch sicher nicht intendiert worden.

Dagegen hat jedoch *Lewisch* (Recht auf Leben [Art 2 EMRK] und Strafgesetz, in: *Fuchs/Brandstetter* [Hg], Festschrift für *Winfried Platzgummer* [1995] 395 ff) überzeugend auf folgendes hingewiesen: Bereits bei formaler Betrachtung des Art 2 EMRK sei deutlich zu erkennen, dass sich die Ausnahmetatbestände des Art 2 (1) S 2 sowie (2) ausschließlich auf das staatliche Handeln, nicht aber auf das Handeln Privater beziehen. Eine Rechtfertigung für den Staat, einen Ungeborenen zu töten, sei undenkbar. Die Frage der Kollision von Rechten Privater (zB der Mutter) mit den Rechten Ungeborener behandeln die zitierten Ausnahmebestimmungen nicht, diese Problematik sei allein aus der Auslegung von Art 2 (1) S 1 EMRK zu beurteilen.

Daran kann auch der Hinweis darauf, dass Art 2 (1) S 1 EMRK (auch) im Lichte der nachfolgenden Ausnahmebestimmungen zu interpretieren sei, nichts ändern. Die nachfolgenden Ausnahmebestimmungen zeigen nämlich bloß, dass nur äußerst schwerwiegende

Gründe, die vom schließlich Getöteten verschuldet oder ihm zumindest zurechenbar sein müssen, die Tötung rechtfertigen könnten. Wenn solche Ausnahmesituationen bei Ungeborenen kaum denkbar sind, dann liegt dies nicht an der Höherwertigkeit ihres Lebens gegenüber dem eines Geborenen, sondern vielmehr daran, dass bei ihnen ein schuldhaftes Verhalten schlicht undenkbar ist und auch ansonsten anerkannte Zurechenbarkeitskriterien kaum Platz greifen können (*Piskernigg*, Imago Hominis 2004, 164 f).

Und selbst wenn man die Auffassung vertreten sollte, das Recht auf Leben werde durch Art 2 EMRK nicht geschützt, und entgegen *Ermacora* (vgl oben 3. a) den materiellen Grundrechtscharakter des § 16 ABGB verneinte, bliebe der einfachgesetzliche Schutz durch § 22 ABGB aufrecht. Daher kann man auch aus dem Umstand, dass der VfGH in der Abtreibungsregelung des StGB keine Verletzung des Gleichheitssatzes gesehen hat, keinen Schluss auf die Rechtfertigungswirkung der Indikationen ziehen, sodass es beim aus einfachgesetzlich fundierten Erwägungen erzielten Ergebnis bleibt.

Die Verfassungsmäßigkeit des § 22 ABGB wurde, soweit ersichtlich, bisher nicht in Frage gestellt; im Gegenteil: Die neuere Judikatur des VfGH hat die sich aus §§ 16 iVm 22 ABGB ergebende Rechtslage sogar bekräftigt. In VfSlg 13635/1993 hat der VfGH unter Berufung auf *F. Bydlinski* (Fundamentale Rechtsgrundsätze [1988] 171 ff) die Menschenwürde als allgemeinen Wertungsgrundsatz unserer Rechtsordnung anerkannt. Den allgemein anerkannten Kern der Menschenwürde bildet das Verbot, den Menschen als bloßes Mittel für welche Zwecke immer zu behandeln (*F. Bydlinski*, aaO 176), was selbstverständlich auch das Tötungsverbot als Ausfluss des mit der Menschenwürde verbundenen fundamentalen Rechts auf Leben impliziert (aaO 178 ff). Diese Konzeption der Menschenwürde bezieht auch ungeborene Kinder mit ein (*F. Bydlinski*, Lebensschutz und rechtsethische Begründungen, JBl 1991, 477 ff). Das deutsche BVerfG hat diesen Zusammenhang in kaum übertrefflicher Weise zum Ausdruck gebracht (aaO D. I. a):

„[...] handelt es sich bei dem Ungeborenen um individuelles, in seiner genetischen Identität und damit in seiner Einmaligkeit und Unverwechselbarkeit nicht mehr teilbares Leben, das im Prozeß des Wachsens und Sich-Entfaltens sich nicht erst zum Menschen, sondern als Mensch entwickelt [...]. Wie immer die verschiedenen Phasen des vorgeburtlichen Lebensprozesses [...] gedeutet werden mögen und in der Geschichte beurteilt worden sind, es handelt sich jedenfalls um unabdingbare Stufen der Entwicklung des individuellen Menschseins. Wo menschliches Leben existiert, kommt ihm Menschenwürde zu [...].

Diese Würde des Menschseins liegt auch für das ungeborene Leben im Dasein um seiner selbst willen. Es zu achten und zu schützen bedingt, daß die Rechtsordnung die rechtlichen Voraussetzungen seiner Entfaltung im Sinne eines eigenen Lebensrechts des Ungeborenen gewährleistet [...]. Dieses Lebensrecht, das nicht erst durch die Annahme seitens der Mutter begründet wird, sondern dem Ungeborenen schon aufgrund seiner Existenz zusteht, ist das elementare und unveräußerliche Recht, das von der Würde des Menschen ausgeht; es gilt unabhängig von bestimmten religiösen oder philosophischen Überzeugungen, über die der Rechtsordnung eines religiös-weltanschaulich neutralen Staates kein Urteil zusteht."

Die systematischen Argumente, die gegen die Rechtfertigungsthese ins Treffen geführt wurden, erhalten so ungeachtet der strittigen Auslegung einzelner Grundrechtsbestimmungen eine klare Bestätigung auf verfassungsrechtlicher Ebene.

d) Wenn somit weder die „Fristenlösung" noch die an sich mit vergleichsweise gewichtigen Argumenten vertretbare „einfache" medizinische Indikation eine Rechtfertigungswirkung entfalten können, so gilt dies umso mehr für die eugenische und die Indikation der Unmündigkeit (ablehnend zur Rechtfertigungswirkung der beiden letztgenannten Indikationen auch *Hirsch*, aaO 114 ff; *Bydlinski*, Liber amicorum 49 ff; *Schick*, aaO 478 ff; jeweils mwN). *Bernat* (FS *Steffen* 38 ff; ohne Auseinandersetzung mit den inzwischen vorgebrachten Gegenargumenten zuletzt wieder *ders*, JRE 2002, 208 f) versucht, aus der (beschränkten) Erlaubnis der Genanalyse gemäß § 65 (3) Gentechnikgesetz (GTG) die Rechtmäßigkeit einer eugenisch indizierten Abtreibung zu begründen. Es könne dem Gesetzgeber nicht zugesonnen werden, ein Verfahren zur Feststellung einer Embryopathie zu erlauben, die Abtreibung dann aber zu verbieten.

Dagegen ist zutreffend eingewendet worden, dass aus der Erlaubnis der Untersuchung eines ungeborenen Menschen keinesfalls auf die Erlaubnis zur Tötung bei Feststellung einer Behinderung geschlossen werden kann. Die Untersuchung muss keineswegs nur die Selektion zur (bloß straflosen) Tötung bezwecken, sondern kann sehr wohl auch den Sinn haben, Behinderungen im Hinblick auf eine möglichst frühe Therapie oder einfach zur besonderen Vorbereitung der Eltern auf die Geburt eines behinderten Kindes zu erkennen (*Hirsch*, aaO 119 f; *Piskernigg*, aaO 251 f).

e) Was schließlich die medizinisch-vitale Indikation betrifft (§ 97 [1] Z 2 1. Fall, Z 3 und [2] StGB), bei der Leben gegen Leben steht, so stößt jegliche rechtliche Überlegung an ihre Grenzen. Die Entscheidung des Gesetzgebers, die vitale Indikation eindeutig als Rechtfertigungsgrund zu etablieren, widerspricht daher den oben dargelegten Abwägungsgrundsätzen nicht. Unter welchen Umständen man ein Leben rechtmäßig opfern können soll, um ein anderes (oder sogar mehrere) zu retten, ist seit Jahrtausenden Gegenstand juristischer und philosophischer Diskussion („Brett des Karneades", „Mignonette-Fall"). Es ist hier nicht der Ort, in diese Diskussion einzutreten, sondern es genügt, auf sie im Bewusstsein um die Grenzen juristischer Argumentation zu verweisen. Gerade jüngst ist in Deutschland eine intensiv geführte Debatte um das Luftsicherheitsgesetz, welches unter bestimmten Umständen bei Terrorgefahr den Abschuss von Passagierflugzeugen erlaubt, begonnen worden (vgl *Lindner*, Tragische Konflikte, FAZ vom 15. 10. 2004, 8; *Lüderssen*, Krieg gegen den Terror, FAZ vom 18. 1. 2005, 37).

Wie auch immer man in solchen vitalen Konflikten entscheiden mag: keinesfalls dürfen sie dazu führen, Kategorien aufzulösen, die sich jenseits solcher Konflikte im „juristischen Alltag" bewährt haben. Gerade dies ist jedoch in der Abtreibungsfrage geschehen, wo offenbar von interessierter Seite absichtsvoll Grenzfälle herangezogen wurden, um Abtreibungen auch außerhalb vitaler Konflikte gesellschaftsfähig zu machen und schließlich deren rechtlicher Akzeptanz Vorschub zu leisten. Dementsprechend wird zutreffenderweise von einem „allgemeinen abtreibungsfreundlichen Meinungsklima" (*F. Bydlinski*, Liber amicorum 65 f) gesprochen.

Gemäß Art 18 B-VG hat freilich die Vollziehung nicht aufgrund eines „Meinungsklimas" zu erfolgen, sondern aufgrund der Gesetze. Auch die Volksanwaltschaft – ebenso wie das BMBWK oder der StSR für Wien – ist an diese gebunden, selbst wenn sie sich damit in Gegensatz zu einem widerstreitenden „Meinungsklima" setzen sollte.

Es mögen daher in Zukunft bei der Organisation von Lehrausgängen die oben ausführlich erörterten rechtlichen Rahmenbedingungen beachtet werden.

(...)

Abschnitt 2
Auszug aus dem Bericht über die Tätigkeit der Volksanwaltschaft im Jahr 2005 an den Nationalrat und den Bundesrat[3]

1.8.2 Interdisziplinäre Tagung zum Status ungeborener Kinder am 19. Dezember 2005 in der VA

Am 19. 12. 2005 wurde in der VA auf Einladung des sachzuständigen Volksanwaltes Mag. Ewald Stadler eine Tagung zum Status ungeborener Kinder abgehalten. Anlass hiefür war eine Entscheidung der VA, in welcher der verpflichtende Lehrausgang von Kindern einer vierten Hauptschulklasse in eine nach wirtschaftlichen Grundsätzen geführte Wiener Abtreibungsklinik beanstandet wurde. Diese Entscheidung, für die Volksanwalt Mag. Stadler verantwortlich zeichnet, hat bereits mehrere positive Reaktionen aus der Rechtswissenschaft nach sich gezogen und wurde dem interessierten Publikum vorgestellt. Wesentlicher Inhalt dieser Entscheidung ist, dass nach der geltenden Rechtslage ein Schwangerschaftsabbruch auch innerhalb der ersten drei Monate (§ 97 Abs. 1 StGB) rechtswidrig ist und ein „Recht auf Abtreibung" nicht besteht (vgl. dazu die Beiträge im allgemeinen Teil auf Seite 93 und im Grundrechtsteil auf Seite 33).

Im Laufe dieser Veranstaltung wurden Fragen des Lebensbeginns und Lebensschutzes aus medizinischer, juristischer, philosophischer und theologischer Sicht beleuchtet. Volksanwalt Mag. Stadler konnte anerkannte Experten aus diesen Disziplinen als Vortragende gewinnen: Univ.-Prof. Dr. Lukas Kenner (Medizin, Medizinische Universität Wien), den stellvertretenden Vorsitzenden der Bioethikkommission des Bundeskanzleramtes, Univ.-Prof. Dr. Günther Pöltner (Philosophie, Universität Wien) und Weihbischof Univ.-Doz. Dr. Andreas Laun. Besonders wertvolle Beiträge zur Klärung der rechtlichen Situation leistete der im Publikum anwesende Doyen des österreichischen Zivilrechts, em. Univ.-Prof. Dr. Dr. h.c. mult. Franz Bydlinski. DI Claudia Brandhuber berichtete von eindrucksvollen Erfahrungen einer dem Lebensschutz verpflichteten Sozialberaterin.

[3] www.volksanwaltschaft.gv.at/i_berichte.htm

Ziele der Tagung waren die Darstellung des aktuellen Diskussionsstandes in den jeweiligen Disziplinen, aber auch der gegenseitige Informations- und Erfahrungsaustausch unter Menschen, die für den Schutz Ungeborener, sei es ehrenamtlich oder hauptberuflich, arbeiten. Nicht zuletzt sollte der positive Einsatz so vieler, der in der öffentlichen Diskussion, wenn überhaupt, meist leider nur verzerrt dargestellt wird, eine entsprechende Würdigung erfahren.

4.2.4 Verpflichtender Besuch einer Abtreibungsklinik (zumindest) durch eine vierte Hauptschulklasse in Wien – Tagung „Mensch von Anfang an" in der VA

VA W/203-SCHU/02, BMBWK 27.570/41-III/11b/2004
Stadtschulrat Wien 100.123/0087/2004

Das Prüfungsverfahren der VA hat ergeben, dass (zumindest) mit Billigung des Stadtschulrates (StSR) für Wien ein Lehrausgang mit einer vierten Hauptschulklasse in eine Abtreibungsklinik veranstaltet wurde. Dabei handelt es sich um eine private Tagesklinik, zu deren Hauptschwerpunkten die Vornahme von Abtreibungen – insbesondere auch im Rahmen der sogenannten „Fristenlösung" – gehört.

Dieser Besuch wurde vom sachzuständigen Volksanwalt, nachdem Stellungnahmen des BM und des StSR eingeholt wurden, **beanstandet**. Maßgeblich für diese Einschätzung waren ua Überlegungen hinsichtlich einer wahrscheinlichen Interessenskollision der besuchten Klinik sowie die rechtliche Einordnung des § 97 Abs. 1 Z. 1 StGB als Strafausschluss- und nicht als Rechtfertigungsgrund.

Die detaillierte Begründung kann der Imabe-Studie Nr. 5, die den Parlamentsklubs im Herbst 2005 zugeleitet wurde, entnommen werden. Diese Studie hat ausnahmslos positive Reaktionen aus der Wissenschaft hervorgerufen. Der Anregung vieler Kommentatoren folgend, die Problematik einem breiteren Publikum zugänglich zu machen, hat der sachzuständige Volksanwalt am 19. 12. 2005 die Tagung „Mensch von Anfang an" veranstaltet (siehe dazu Pkt. 1.8.2.0).

14.13.1 Missachtung der Elternrechte gemäß Artikel 2 1. Zusatzprotokoll zur Europäischen Menschenrechtskonvention?

(VA W/203-SCHU/02, BMBWK 27.570/41-III/11b/2004, Stadtschulrat Wien 100.123/0087/2004)

Ein Prüfungsverfahren der VA der Republik Österreich (zur vollständigen Darstellung des Prüfungsverfahrens vgl. in diesem Bericht S. 93) hat ergeben, dass (zumindest) mit Billigung der zuständigen Schulbehörde, des Stadtschulrates für Wien (StSR), ein verpflichtender Lehrausgang mit einer vierten Hauptschulklasse in eine Abtreibungsklinik veranstaltet wurde. Dabei handelt es sich um eine private, nach wirtschaftlichen Grundsätzen geführte Tagesklinik, zu deren Hauptschwerpunkten die Vornahme von Abtreibungen gehört.

Als Ziel des Lehrausganges wurde die Aufklärung der Schüler über Möglichkeiten zur Empfängnisverhütung und damit die Verhinderung von Abtreibungen angegeben. Abgesehen davon, dass der VA von der Bundesministerin für Bildung, Wissenschaft und Kultur prüfungsrelevante Informationen verfassungswidrigerweise vorenthalten wurden, konnte auch nicht plausibel begründet werden, weshalb gerade jene private Tagesklinik und nicht etwa eine gynäkologische Ambulanz an einer öffentlichen Krankenanstalt, bei der ein wirtschaftliches Interesse an der Durchführung von Abtreibungen von vornherein ausgeschlossen ist, zur Erreichung dieses Zieles als besonders geeignet angesehen wurde.

Die VA hat diesen Lehrausgang als mit den bezughabenden schulrechtlichen Bestimmungen unvereinbar erachtet, zumal Abtreibungen in den meisten Fällen, in denen sie in Österreich straflos bleiben, doch nach wie vor als rechtswidrig angesehen werden müssen und ein „Recht auf Abtreibung“ der österreichischen Rechtsordnung fremd ist.

Auf die Frage der VA, ob und in welcher Weise die Eltern der betroffenen Kinder vom kritisierten Lehrausgang rechtzeitig informiert wurden, wurde von der Frau Bundesministerin bzw. vom StSR nur in allgemeiner Weise eingegangen. In den bezughabenden Stellungnahmen ist bloß die Rede davon, dass diesbezüglich keine Versäumnisse festgestellt werden hätten können. Eine ausreichende Grundlage für die Prüfung der VA wurde somit nicht vorgelegt, sodass der Verdacht, den Eltern könnten nur unzureichende Informationen über die besuchte Institution vorgelegen haben, nach wie vor bestehen bleibt.

Eine solche Vorgangsweise widerspricht Artikel 2 1. ZPEMRK, welcher lautet: „Das Recht auf Bildung darf niemandem verwehrt werden. Der Staat hat bei Ausübung der von ihm auf dem Gebiete der Erziehung und des Unterrichts übernommenen Aufgaben das Recht der Eltern zu achten, die Erziehung und den Unterricht entsprechend ihren eigenen religiösen und weltanschaulichen Überzeugungen sicherzustellen.“ Es ist evident, dass die Eltern von diesem Recht nur Gebrauch machen können, wenn sie über in dieser Hinsicht sensible Vorgänge im Schulunterricht auch entsprechend informiert werden.

Weiters ist auf folgendes hinzuweisen: Nach den vom Europäischen Gerichtshof für Menschenrechte (EGMR) im „Dänischen Sexualkundefall“ (vgl *Berka*, Die Grundrechte: Grundfreiheiten und Menschenrechte in Österreich [1999] 396 f.) festgelegten Grundsätzen darf zwar der Unterricht religiöse und weltanschauliche Fragen berühren. Dies hat jedoch in objektiver, kritischer und pluralistischer Form zu erfolgen. Daraus folgt jedenfalls nicht, dass es zulässig wäre, Schülern Recht und Unrecht als gleichwertig darzustellen, wie dies im Falle einer Institution befürchtet werden muss, bei der ein wirtschaftliches Interesse an der Vornahme von rechtswidrigen Abtreibungen zumindest nicht auszuschließen ist.

Selbst wenn man Abtreibungen auch im Rahmen der Fristenlösung als rechtmäßig ansehen würde und daher über die Möglichkeit zur Abtreibung ohne den klaren Hinweis auf den Unrechtscharakter, somit wertfrei in objektiver, kritischer und pluralistischer Form informiert werden dürfte, bliebe immer noch die Auswahl der vermittelnden Institution zu beanstanden. Wo wirtschaftliche Interessen an Abtreibungen zumindest nicht ausgeschlossen werden können, besteht die Gefahr, dass tendenziös statt objektiv, kritisch und in pluralistischer Form informiert wird. Aus den der VA vorliegenden Stellungnahmen ist nicht ersichtlich, dass dieser Gefahr in entsprechender Form vorgebeugt worden wäre.

Abschnitt 3
Auszug aus dem Siebenundzwanzigsten Bericht der Volksanwaltschaft an den Wiener Landtag (2005)[4]

8.1 Verpflichtender Besuch einer Abtreibungsklinik (zumindest) durch eine vierte Hauptschulklasse in Wien – Tagung „Mensch von Anfang an" in der VA

VA W/203-SCHU/02, BMBWK 27.570/41-III/11b/2004
Stadtschulrat Wien 100.123/0087/2004

Das Prüfungsverfahren der VA hat ergeben, dass (zumindest) mit Billigung des Stadtschulrates (StSR) für Wien ein Lehrausgang mit einer vierten Hauptschulklasse in eine Abtreibungsklinik veranstaltet wurde. Dabei handelt es sich um eine private nicht gemeinnützige Tagesklinik, zu deren Hauptschwerpunkten die Vornahme von Abtreibungen – insbesondere auch im Rahmen der so genannten „Fristenlösung" – gehört.

Dieser Besuch wurde vom sachzuständigen Volksanwalt, nachdem Stellungnahmen des BM und des StSR eingeholt wurden, **beanstandet**. Maßgeblich für diese Einschätzung waren ua Überlegungen hinsichtlich einer wahrscheinlichen Interessenskollision der besuchten Klinik sowie die rechtliche Einordnung des § 97 Abs. 1 Z. 1 StGB als Strafausschluss- und nicht als Rechtfertigungsgrund.

Die detaillierte Begründung kann der Imabe-Studie Nr. 5, in der die Entscheidung der VA publiziert wurde, entnommen werden. Diese Studie hat ausnahmslos positive Reaktionen aus der Wissenschaft hervorgerufen. Der Anregung vieler Kommentatoren folgend, die Problematik einem breiteren Publikum zugänglich zu machen, hat der sachzuständige Volksanwalt am 19. 12. 2005 die Tagung „Mensch von Anfang an" veranstaltet.

Im Laufe dieser Veranstaltung wurden Fragen des Lebensbeginns und Lebensschutzes aus medizinischer, juristischer, philosophischer und theologischer Sicht beleuchtet. Volksanwalt Mag. Stadler konnte anerkannte Experten aus diesen Disziplinen als Vortragende gewinnen: Univ.-Prof. Dr. Lukas Kenner (Medizin, Medizini-

[4] www.volksanwaltschaft.gv.at/i_berichte.htm

sche Universität Wien), den stellvertretenden Vorsitzenden der Bioethikkommission des Bundeskanzleramtes, Univ.-Prof. Dr. Günther Pöltner (Philosophie, Universität Wien) und Weihbischof Univ.-Doz. Dr. Andreas Laun. Besonders wertvolle Beiträge zur Klärung der rechtlichen Situation leistete der im Publikum anwesende Doyen des österreichischen Zivilrechts, em. Univ.-Prof. Dr. Dr. h.c. mult. Franz Bydlinski. DI Claudia Brandhuber berichtete von eindrucksvollen Erfahrungen einer dem Lebensschutz verpflichteten Sozialberaterin.

Ziele der Tagung waren die Darstellung des aktuellen Diskussionsstandes in den jeweiligen Disziplinen, aber auch der gegenseitige Informations- und Erfahrungsaustausch unter Menschen, die für den Schutz Ungeborener, sei es ehrenamtlich oder hauptberuflich, arbeiten. Nicht zuletzt sollte der positive Einsatz so vieler, der in der öffentlichen Diskussion, wenn überhaupt, meist leider nur verzerrt dargestellt wird, eine entsprechende Würdigung erfahren.

Abschnitt 4
Beiträge der Interdisziplinäre Tagung zum Status ungeborener Kinder

Claudia Brandhuber

Erfahrungsbericht über die Beratung von Frauen in Krisenschwangerschaften

In meiner langjährigen Tätigkeit als Beraterin von Frauen in Krisenschwangerschaften konnte ich in zahlreichen Kontakten erleben, wie es Frauen erging, die konkret an eine Abtreibung dachten, sich aber für das Kind und das Leben entscheiden konnten bzw. solche, die eine Abtreibung wählten.

Wie ist es möglich, dass eine Mutter, die ein Kind erwartet, sich mit dem Gedanken an eine Abtreibung befasst. Einerseits merke ich an den Aussagen der Betroffenen oder der Partner, dass Abtreibung sehr als Lösung gesehen wird, als etwas, dass nicht so schlimm sein kann, da es ja alle machen, und der Staat es „erlaubt". Was die Mütter von Kindesvätern, Eltern, Arbeitgebern, etc. zu hören bekommen, ist, dass es ja eine „Lösung" gebe – die Abtreibung –, warum sich also anderwärtig den Kopf zerbrechen oder sich tiefer involvieren lassen. Andererseits stehen diese Mütter unter großem Druck von außen. Anstatt Unterstützung zu bekommen, wie sie es gerade jetzt in dieser Zeit der großen Umstellungen bräuchten, werden sie verlassen, vor die Wahl gestellt: Kind oder Partner, Arbeit, Eltern, etc.

Es erschüttert mich als Beraterin immer wieder, mit wie wenig Aufwand an Zeit, Geld und persönlichem Engagement es oft möglich ist, Frauen zu helfen, sich für das Leben ihres Kindes zu entscheiden. Wenn es der Mutter gut geht, geht es auch dem Kind gut.

Die Mutter braucht eine Möglichkeit, sich auszusprechen, gute Information über Chancen in ihrer Situation und ihr Kind zu bekommen, sie muss sich als Frau und Mutter ernst genommen wissen. Das kann zum Beispiel in einem Beratungsgespräch geschehen.

Es soll in einer Beratung vorerst einmal darum gehen, der Frau die Möglichkeit zu geben, jemandem ihre Probleme und Ängste zu schildern, der nicht Teil ihrer ganzen Problematik ist und deshalb auch nicht versucht, die Situation subjektiv für sich zu beurteilen und für sich positiv ausgehen zu lassen ohne Rücksicht auf Frau und Kind. Während die Frau erzählt, versucht der Berater, die angesprochenen Themen optisch mittels Problemkreise zu trennen. So wird der vorerst unüberwindlich scheinende Berg von Schwierigkeiten und Argumenten thematisch in kleinere Bereiche aufgeteit, für die es sehr wohl Lösungsansätze und konkrete Hilfe zur Selbsthilfe gibt.

Ein nächster wichtiger Schritt der Beratung ist, der Mutter die Chance zu geben, Muttergefühle zu ihrem Kind zu entwickeln. Die momentane Lage einer Frau in Krisenschwangerschaft ist ja oft nicht gerade förderlich für die Entwicklung einer Beziehung zwischen Mutter und Kind. Die hormonelle Situation in der Frau, oft gepaart mit körperlichem Unwohlsein und Übelkeit, und der äußere Druck, (materielle) Unsicherheiten oder Beziehungsprobleme machen es der Mutter sehr schwer, in sich positive Gefühle oder sogar Freude über ihr Kind aufkommen zu lassen. Der Mutter des ungeborenen Kindes muss also die Chance gegeben werden, eine positive Beziehung zu ihrem ungeborenen Kind aufzubauen. Daraus wird sie Kraft schöpfen können und die Erkenntnis gewinnen, dass es sich für dieses ihr Kind lohnt, zu kämpfen.

In einem weiteren Schritt erfährt die Mutter mehr über den Ablauf einer Abtreibung und die möglichen körperlichen und psychischen Folgen für sie selbst und ihre Familie. Ich kann als Beraterin aus meiner Praxis nur bestätigen, dass die Frauen nach Abtreibung unter Folgen leiden, die in der Literatur als Post Abortion Syndrom beschrieben werden. Frauen werden darüber nicht informiert, und immer wieder sitzen mir Frauen gegenüber, die mir sagen: „Warum hat mich vorher keiner darüber informiert, dass dieses „Etwas“ mein Kind ist, und wie es mir nach der Abtreibung gehen wird?“

In diesem Zusammenhang möchte ich kurz erwähnen, dass es Heilung von Abtreibungswunden gibt. Sie ist aber verbunden mit einem sehr schmerzhaften Prozess von Konfrontation mit dem Geschehenen und dem Erkennen und Eingestehen, dass die Abtreibung keine Lösung, sondern ein Fehler war, egal, was und wie schwerwiegend die ausschlaggebenden Gründe für die Abtreibung gewesen sein mögen.

In einem letzten Schritt werden mit der Mutter Lösungen, Hilfe zur Selbsthilfe ermöglicht. Das Ziel ist es, ihr umfassende Hilfe zu geben, das heißt, sie nicht nur materiell, sondern auch spirituell und mental zu unterstützen.

Ich möchte im Folgenden Geschichten betroffener Frauen erzählen, die wir betreuten.

Eine Frau, die auf dem Weg zur Abtreibungsklinik war, kam in die Hilfs- und Beratungsstelle. Wie so viele Frauen stand sie unter massivem Druck. Der Kindesvater drohte ihr, sie zu verlassen, wenn sie das Kind nicht töten ließ. Sie hatte den Eindruck, dass dieses

Kind ihr Leben, all ihre Chancen für die Zukunft, zerstören würde. Im Beratungsgespräch weinte sie, war sehr verzweifelt und innerlich zerrissen. Ich erzählte ihr von der Entwicklung ihres Kindes und auch von den Folgen einer Abtreibung, die ich konkret an von Abtreibung betroffenen Frauen gesehen hatte. Wir sprachen über ihre Möglichkeiten und Chancen, und doch war es auch ganz klar, dass das Ja zu ihrem Baby ein sich Einlassen auf etwas ganz Neues und für sie Unbekanntes war. Ihr wurde mehr und mehr bewusst, dass die Tötung ihres Kindes keine Lösung sein konnte, und dass sie das „Gestern" nicht wieder herstellte. Sie war und blieb Mutter, Mutter eines lebenden oder toten Kindes. Als sie ging, wusste ich nicht, was sie weiter machen, wie sie sich entscheiden würde.

Sie kam zum nächsten Termin und auch zu den folgenden. Schritt für Schritt wuchs die Freude über das Kind, auch wenn der Kindesvater seine Drohung wahr machte und sie fallen ließ. Das bedeutete für sie große finanzielle Einbußen. Im Laufe der Zeit bekam sie neuen Zugang zu ihrem Glauben, sie machte ganz konkret die Erfahrung, dass ihr Gebet erhört wurde. Sie bekam Unterstützung von Menschen, von denen sie es nicht erwartet hätte, und sie bekam auch die Möglichkeit, in einer sehr schönen kleinen Wohnung zu leben. Eines Tages sagte sie zu mir: „Damals, als ich zur Klinik kam, hasste ich mein Kind. Doch jetzt würde ich mein Baby für hundert Millionen Euro nicht mehr hergeben. Ich weiß nicht, wie es zu dieser inneren Wandlung kommen konnte, es ist für mich wie ein Wunder." Das Baby ist inzwischen geboren und klarerweise für sie das schönste Kind der Welt.

Eine andere Frau hatte bereits ein Kind, war verheiratet und ungeplant schwanger geworden. Ihr Mann wollte das Kind nicht, ihre Eltern machten zusätzlich großen Druck, und sie selbst war schon mit dem einen Kind überfordert. Sie erkundigte sich telefonisch über eine Abtreibung und kam zu einem Gespräch. Die Frau hatte geplant, arbeiten zu gehen, da das erste Kind nun alt genug war, um in den Kindergarten zu gehen, jetzt kam das neue Kind dazwischen. Wir ermöglichten ihre eine Arbeit bei uns und betreuten sie laufend weiter, um ihr zu helfen, ihre Ängste und die Überforderung in den Griff zu bekommen. Als sie dann einige Tage wegen Krankheit im Spital verbringen musste, entschied sie sich in dieser Zeit der Einsamkeit neu für eine Abtreibung. Sie nahm den Termin in der Klinik wahr. Als sie schon auf dem Bett lag, bereit für die Vollnarkose, und der Anästhesist die Nadel ansetzen wollte, bekam sie plötzlich die Kraft aufzustehen und zu sagen: „Nein, ich behalte mein Kind!" Sie stürmte aus der Klinik. Nach der Geburt des Kindes waren ihr Mann und ihre Mutter wie verwandelt und völlig vernarrt in das Baby.

Erzählen möchte ich aber auch von Frauen, die abgetrieben haben und deren Geschichten mich erschütterten.

Ich erinnere mich an eine Jugendliche, die schwanger geworden war, der Freund hatte sie verlassen und ihr Vater, bei dem sie wohnte, machte großen Druck. Er sagte, dass sie sich entscheiden sollte zwischen dem Kind einem Leben zu Hause. Sie selbst war auf der Suche nach Arbeit oder einer Lehre, hatte also im Moment kein Einkommen. Sie wollte abtreiben. Im Beratungsgespräch hatte sie erstmals die Möglichkeit, sich allen Kummer von der Seele zu sprechen und Rat zu bekommen, der nicht von eigenen Interessen gefärbt war. Wir boten ihr eine Anstellung an und auch eine Wohnmöglichkeit, um dem Druck des Vaters ausweichen zu können. Als sie ging, war sie zuversichtlich, erschien aber zum Folgetermin nicht.

Wochen später kam sie wieder. Sie hatte abgetrieben, und es ging ihr sehr schlecht. Das, was sie sich durch eine Abtreibung zu ersparen hoffte, bekam sie jetzt nach der Abtreibung erst recht zu spüren. Der Vater sagte zu ihr, dass sie für ihn gestorben war, sie könne tun und lassen, was sie wolle, es interessiere ihn nicht. Ihre Geschwister nannten sie „eine Hure". Sie hielt es zu Hause nicht mehr aus, hatte nach wie vor keine Arbeit und alles verloren: Heimat, Hoffnung, Selbstwert und das Baby. Das, was ich ihr jetzt an Hilfe anbieten konnte, war Aufarbeitung der Abtreibung und Versöhnung mit dem Vater des Lebens, dem Schöpfer, der ihr das Kind anvertraut hatte. Der Kontakt zu dieser Jugendlichen brach ab, ich weiß nicht, wie es ihr weiter erging.

Kurz berichten möchte ich auch von zwei weiteren Frauen, die vor Jahren eine Abtreibung gehabt hatten.

Die eine hielt es nicht aus, dass ihre Schwester mit Kind bei ihr wohnte. Das Kind war in etwa in dem Alter, das ihr totes Kind jetzt gehabt hätte. Sie stürzte sich in die Arbeit, um nicht zu denken. Wenn sie aber Zeit hatte, begann große Traurigkeit, Schuldgefühle, Sinnlosigkeit und die Gewissheit, dass sie es geschafft hätte, an ihr zu nagen. Es war zu merken, dass ihr Äußeres eine Fassade war, darunter war eine einzige große Wunde, die nicht heilte, dabei waren seit der Abtreibung bereits acht Jahre vergangen.

Die zweite kam nicht aus dem Bett. Sie war eine hübsche, zarte Frau, aber so voller Sinnlosigkeit und Antriebslosigkeit. Wofür leben, wofür sich abmühen, arbeiten, in der Früh aus dem Bett steigen? Für wen? Sie konnte sich die Abtreibung nicht verzeihen. Wie war es möglich, dass sie als Mutter es so weit hatte kommen lassen. Sie hatte sich vorgenommen, nie wieder in ihrem Leben glücklich zu sein. Auf diese Weise wollte sie sich selbst bestrafen für das, was passiert war.

Diese Geschichten sind Geschichten vieler Frauen, denen gesagt wurde, dass die Abtreibung ihres Kindes eine Lösung sei, und dass das Leben dann einfach weitergehen würde – so als ob es nie ein Kind gegeben hätte.

Als Frau und als Beraterin kann ich nur wiederholen, dass Abtreibung niemals eine Lösung sein kann und sein wird. Wie verhältnismäßig einfach ist es oft, in einer Mutter das Ja zu ihrem Kind durchbrechen zu lassen, ein Ja, das tief im Herzen zumeist da ist, aber verschüttet durch Ängste, Argumente, Druck und Drohung.

Frauen verdienen etwas Besseres als die Abtreibung ihres Kindes. Sie verdienen echte und menschenwürdige Unterstützung, denn eine Mutter wird nie auf Kosten ihres Kindes wirklich glücklich sein können.

Literatur

Burke, Theresa (with David C. Reardon), Forbidden Grief. The Unspoken Pain of Abortion, Springfield, Illinois 2002

Strahan, Thomas W., Detrimental effects of abortion. An annotated bibliography with commentary, Springfield, Illinois, 3rd edition 2001 Elliot Institut: www.afterabortion.org

Lukas Kenner

Das Klonschaf ist tot – es lebe das Klonen? 10 Jahre nach Dolly – was nun?

I. Zusammenfassung

Zehn Jahre nach der Vorstellung des Klonschafes „Dolly“ ist die Debatte über Stammzellen und das Klonen menschlicher Embryonen nicht abgeebbt. Wir diskutieren dabei einerseits ethisch unproblematische adulte Stammzellen aus dem erwachsenen Organismus, andererseits embryonale Stammzellen, für deren Gewinnung menschliche Embryonen getötet werden müssen. Eine ernsthafte Diskussion wird vor allem durch den Einfluss politischer Interessen belastet, wobei die Verheißung einer „alles erlösenden“ embryonalen Stammzelltherapie anhand der wissenschaftlichen Publikationen kritisch geprüft werden muss. Zudem haben therapeutische Erwartungen durch ausgedehnte wissenschaftliche Betrugsskandale massive Rückschläge erfahren.

Die ethische Debatte dreht sich um die Frage, ob Experimente mit menschlichen embryonalen Stammzellen aus (geklonten) menschlichen Embryonen und humane Eizellspenden für Forschungszwecke zu rechtfertigen sind, bevor eine therapeutische Anwendung embryonaler Stammzellen an Tiermodellen eindeutig validiert ist. Zum anderen stellt sich auch die grundsätzliche Frage, ob der menschliche Embryo überhaupt zu Forschungs- und Therapiezwecken fremdnützig instrumentalisiert werden darf oder nicht.

II. Einleitung

In den letzten Jahren hat es in der Stammzellforschung eine Menge neuer wissenschaftlicher Erkenntnisse gegeben. Diese wecken auf der einen Seite Hoffnung auf Therapieformen für bis jetzt unheilbare Erkrankungen, auf der anderen Seite werfen embryonale Stammzellen auch schwere ethische Bedenken auf, weil menschliche Embryonen als Stammzellspender geopfert werden.

Stammzellen sind zum einen unspezialisierte Zellen, die sich potenziell unendlich oft teilen (also sich selbst erneuern) und sich aber auch in spezialisierte Zellen des Körpers entwickeln können. Wenn diese Entwicklungsfähigkeit der Stammzelle, ihre „Plastizität", groß ist, d. h. wenn sie sich in viele gewebespezifische Zellen des Körpers entwickeln kann, nennt man sie multipotent, kann sie alle Zelltypen einschließlich der Keimzellen bilden, nennt man sie pluripotent. Auf diesen beiden Fähigkeiten von Stammzellen – Selbsterneuerung und Differenzierungsfähigkeit – gründet die Hoffnung, sie als Quelle für Ersatzgewebe für verschiedenste Erkrankungen des Menschen nutzten zu können.

III. Klonen zur Stammzellgewinnung

Durch Transfer eines somatischen (aus einer Körpergewebezelle stammenden) Zellkerns in eine enukleierte Eizelle kann im Tierexperiment einerseits ein lebensfähiger Klon geboren werden (reproduktives Klonen), und andererseits der Klon-Embryo im Blastozysten-Stadium geopfert werden, um ES-Zelllinien zu generieren (Forschungsklonen, manchmal sog. „therapeutisches Klonen"). Dass die durch Forschungsklonen gewonnen ES-Zelllinien in ihren immunologischen Eigenschaften dem Zellkernspender entsprechen, ist die – bislang im Tierexperiment unbewiesene – Grundhypothese des „therapeutischen Klonens". Anders als bei Transplantation genetisch körperfremden Gewebes würde bei „therapeutischem Klonen" bei Transplantation der durch Klonen gewonnenen ES-Zellen auf den Zellkernspender möglicherweise die Notwendigkeit einer immunsuppressiven Therapie entfallen.

Solche Zellkern-Transfer-Versuche am Menschen sind jedoch durch Betrugsskandale ernsthaft in Frage gestellt worden (Rusnak et al. 2006). Diese Forschung wurde an geklonten menschlichen Embryonen durchgeführt, bevor überhaupt eine therapeutische Brauchbarkeit durch Kerntransfer gewonnener embryonaler Stammzellen im Tierversuch schlüssig nachgewiesen wurde (Cyranoski 2006). Die Aussicht auf einen eventuellen wissenschaftlichen Erfolg rechtfertigt jedoch nicht die eingesetzten Mittel.

IV. Stand der Wissenschaft zum „therapeutischen Klonen"

Vorbedingung von Experimenten am Menschen ist eine solide Basis von tierexperimentellen Daten. Es sind nur zwei Publikationen, die immer wieder als Nachweis für „therapeutisches Klonen“ im Tierversuch, zitiert werden, um Versuche am Menschen zu begründen (Barberi et al. 2003; Rideout et al. 2002). Allerdings hat die erstgenannte Studie (Barberi et al. 2003) gar nichts mit „therapeutischem Klonen“ zu tun, da die Tiere, die die Rolle des Patienten spielten, nicht die Spender der transferierten Zellkerne waren. In der anderen Studie (Rideout et al. 2002) wurde bei Transplantation der durch „therapeutisches Klonen“ gewonnenen Zellen auf die Zellkerspender überraschenderweise eine Immunabstoßung beobachtet. Das Experiment war also ein Misserfolg hinsichtlich des Nachweises der Kernhypothese des „therapeutischen Klonens“ – dass nämlich damit die Immunverträglichkeit der Transplantate zu erreichen sei. Es ist von besonderem Interesse, dass seit dieser 2003 publizierten Studie keine weiteren Arbeiten publiziert wurden, die diesen Nachweis geführt hätten. Insofern gibt es keine tierexperimentelle Basis, die Studien zum „therapeutischen Klonen“ am Menschen stützen könnten – im Gegenteil: tierexperimentell scheint das Feld aufgegeben zu sein.

Ein entscheidendes ethisches Problem humaner embryonaler Stammzellen (hESZ) liegt in der Gewinnung der hESZ aus frühen Embryonen. Bei „therapeutischem Klonen“ besteht das Ziel des somatischen Zellkerntransfers nicht darin, einen Menschen bis zur Geburt heranwachsen zu lassen, sondern ihn für die Gewinnung von hESZ quasi als Ersatzteillager zu verwenden, was eine grobe Verletzung der Menschenwürde darstellt. Es stellt sich hier allerdings die Frage, ob wir nicht an jene Grenze gekommen sind, wo die Forschungsgemeinschaft sich eine Selbstbeschränkung auferlegen sollte. Denn eine die Menschenwürde respektierende humane Gesellschaft sollte Wege finden, derartige Verletzungen fundamentaler Menschenrechte zu verhindern. Diese Frage stellt sich verschärft vor dem Hintergrund bereits heute anwendbarer und preisgünstiger Alternativen, wie z.B. adulter Stammzellen aus dem Nabelschnurblut, deren pluripotente Eigenschaften vor kurzem nachgewiesen worden sind (McGuckin et al. 2006; McGuckin et al. 2005).

V. Das Potential der ESZ

ESZ werden aus Prä-Implantations-Blastozysten gewonnen. Dieser ist eine Hohlkugel, bestehend aus einer äußeren Zellschicht von trophoblastären Zellen, welche später die Plazenta bilden, und dem Embryoblasten (oder auch innere Zellmasse, ICM, genannt), aus der sich später der Fötus bis zur Geburt entwickelt. Obwohl ESZ im Embryo *in vivo* nur kurze Zeit existieren, kann man diese Zellen – nach Entnahme aus dem Blastozysten – *in vitro* lange in Kultur halten, wenn sie durch Beigabe von Leukaemia Inhibitory Factor (LIF) oder auf einer Nährschicht („feeder layer") von murinen (von der Maus stammenden) Embryonalen Fibroblasten (MEF) gezüchtet werden.

VI. Differenzierung

ESZ sind als Ausgangspunkt zur Entwickelung spezialisierter Zellen interessant – dazu bedarf es ihrer Differenzierung. Die häufigste Methode, um die Differenzierung von ESZ zu initiieren, ist die Ausbildung von 3-D-kugelartigen Strukturen in der Zellkultur, sogenannter „embryoid bodies" (EBs). Diese aggregierten Strukturen beinhalten Abkömmlinge von allen drei embryonalen Keimblättern (Thomson et al. 1998). Die Differenzierung von EB ist der embryonalen Entwicklung nicht vollständig ebenbürtig, da keine Polarität oder „body plan" (kein Bauplan eines kompletten funktionstüchtigen Organismus) besteht. EBs können keine lebensfähigen menschlichen Embryonen bilden. Die Ausbildung von EBs kann auf verschiedene Weise bewerkstelligt werden, wesentlich ist der Entzug von LIF und/oder der „feeder layer". Nachdem sich EBs ausgebildet haben, können sie in geeigneten Kulturbedingungen in spezialisierte Zelltypen differenziert werden.

VII. Test der Pluripotenz

Die Überprüfung der Pluripotenz wird bei Maus-ESZ in der Regel durch Mikroinjektion einer ESZ aus der Zellkultur in eine Blastozyste durchgeführt. Die ESZ kann so zur Embryobildung beitragen. Dadurch entsteht eine chimäre Maus, die zum Teil aus Geweben besteht, die von der injizierten ESZ stammen, und zum Teil aus Geweben der Blastozyste, in welche die ESZ injiziert worden ist (Rekonstitution).

Der „gold standard" der Austestung der Pluripotenz von hESZ *in vivo* ist die Injektion von humanen ES in immundefiziente Mäuse, wobei ES hier auch in alle drei Keimblätter differenzieren – allerdings in Form von Tumoren, sogenannten Teratomen (Thomson et al. 1998). Die Entstehung von Teratomen ist auch eines der wesentlichen Probleme bei der Verwendung von hESZ für die Therapie.

VIII. ESZ sind Tumorzellen

Trotz zahlreicher Verheißungen einer baldigen Verwendung von hESZ zu therapeutischen Zwecken müssen vor einer möglichen Anwendung noch viele offene Fragen geklärt werden. Die Kultur embryonaler Stammzellen hat ein großes Proliferations- und Entwicklungspotenzial, jedoch steht dem das hohe Risiko einer Tumorbildung entgegen. Eine Studie des Kölner Max-Planck-Instituts fand eine Tumor-Häufigkeit von 86% bei Transplantation von aus embryonalen Stammzellen vordifferenzierten Zellen (Erdo et al. 2003). Zunächst wurden ESZ der Maus vordifferenziert und in die Gehirne einer anderen Spezies, nämlich von Ratten transplantiert (Xenotransplantation), wobei hier ein geringes Tumorrisiko beobachtet wurde. Doch die „homologe" Transplantation dieser mESZ Zellen in Gehirne von Mäusen – also in dieselbe Spezies – wies ein enormes Tumorrisko auf.

Die Kölner Studie belegt insbesondere, dass eine sichere Beurteilung des Tumorrisikos von aus menschlichen ESZ differenzierten Zellen durch Transplantation in Tiere (Xenotransplantation) nicht möglich ist. Dabei scheint ein schon äußerst geringer Anteil undifferenzierter ESZ für die Tumorbildung zu genügen. So fand man nach Transplantation von nach einem 5-stufigen Differenzierungsmodus in Neuronen vordifferenzierten Zellen in das Gehirn von Parkinson-Mäusen heraus, dass eine von 5 Mäusen an einem Teratom starb (Nishimura et al. 2003). Die im Transplantat noch vorhandene Zahl undifferenzierter – und damit tumorigener – ESZ war derart gering, dass diese erst nach wiederholten Versuchen mit äußerst sensitiven Methoden (Polymerase-Kettenreaktion) entdeckt werden konnten. Wenn man vordifferenzierte hESZ in lebende Ratten injiziert, werden die Zellen trotz Xenotransplantation rasch instabil und neigen zu undifferenzierter Vermehrung (Roy et al. 2006).

Zusätzlich ist die Kultur embryonaler Stammzellen oft mit vermehrter epigenetischer Instabilität und Veränderungen der Genpromoter-Methylierung verbunden (Humpherys et al. 2001). In letzter Zeit konnte außerdem gezeigt werden, dass in Kulturen menschlicher embryonaler Stammzellen Genomveränderungen vorkommen, wie sie oft in bösartigen Tumoren des Menschen beobachtet werden (Maitra et al. 2005). Epigenetische Veränderungen führen häufig zu einer erhöhten Tumorneigung (Rugg-Gunn et al. 2005). Auch kommt es in embryonalen Stammzellen zu einer Selektion bösartiger (aneuploider) Zellen mit chromosomaler Instabilität (Draper et al. 2004), was die Wahrscheinlichkeit einer Tumorentstehung stark erhöht. Selbst wenn es also für ESZ eine Differenzierungsmethode mit 100%iger Reinheit der differenzierten Zellen gäbe, wäre das Risiko für den zu behandelnden Patienten auf Grund der oben erwähnten genetischen und epigenetischen Modifikationen sehr hoch.

IX. ESZ bei allogener Transplantation: Immunabstoßung

Natürlich besteht bei der allogenen Transplantation von aus ESZ differenzierten Zellen, wie bei jeder nicht-autologen Transplantation, das Risiko der Immunabstoßung. Das Immunsystem muss nach der Transplantation durch eine lebenslange Immunsuppression in Schach gehalten werden, was zusätzliche weitere Tumorentstehung begünstigt. Außerdem ist Immunsuppression mit empfindlichen weiteren Nebenwirkungen behaftet. Ein wesentlicher Punkt ist auch der bis jetzt ausstehende Nachweis einer funktionalen Integration von aus hESZ differenzierten Zellen in humane Blastozysten *in vivo* (James et al. 2006). Einem solchen Nachweis stehen schon gravierende ethische Einwände entgegen. Es fehlen bis jetzt auch grundlegende Daten, ob aus hESZ differenzierten Zellen zu einer physiologischen und funktionalen Integration in erwachsene Menschen überhaupt in der Lage sind.

Zusammenfassend muss gesagt werden, dass weder hinsichtlich des Tumorrisikos, noch hinsichtlich der funktionalen Integration, noch hinsichtlich der Immunverträglichkeit bisher valide Grundlagen einer Humanapplikation einer hESZ-basierten Therapie gegeben sind. Daher sind in den nächsten Jahren keinerlei therapeutische Anwendungen unter Verwendung von hESZ zu erwarten.

X. Vom Zellkerntransfer zur Reproduktion

Der nukleare Transfer ist keine neue Technologie, er wurde schon in den frühen fünfziger Jahren an Fröschen zum Nachweis der Aktivierung der Gene (Genexpression) verwendet (Brown et al. 1966). Reproduktives Klonen wird durch Transfer des Zellkerns einer Spenderzelle in eine Eizelle, aus der zuvor der Zellkern entfernt worden ist, bewerkstelligt. Der Zellkerntransfer zur Reproduktion von Säugetieren ist ein extrem ineffizienter und problematischer Prozess, die meisten Klone sterben vor der Geburt (Wilmut et al. 1997). Fast alle Säugetier-Klone sterben noch während der Schwangerschaft. Die Überlebenden leiden häufig an dem sogenannten „large offspring syndrome", ein Defekt, der durch ein zu hohes Geburtsgewicht, Vergrößerung der inneren Organe, metabolische Veränderungen und eine vergrößerte Plazenta charakterisiert ist (Rhind et al. 2003).

Damit der Spenderzellkern eine normale Entwicklung des Klons steuern kann, muss er „reprogrammiert" werden, d.h. sein epigenetischer Status so zurückgesetzt werden, dass er eine vollständige Embryonalentwicklung steuern kann. Ein somatischer Zellkern ist aber epigentisch auf die Erfüllung seiner Funktion als bestimmter somatischer Zelltyp, z.B. eine Hautzelle, angelegt, auch wenn er das selbe Kerngenom hat wie der einzellige Embryo, aus dem sich der ganze Organismus einmal entwickelt hat. Wenn umgekehrt der Zellkern einer Hautzelle „von Natur aus" epigenetisch darauf angelegt wäre, eine vollständige Embryonalentwicklung zu steuern, so würde er versuchen, in der Haut einen Embryo zu bilden, aufgrund der dafür ungeeigneten Umgebung vermutlich ein Teratom.

Das Reprogrammieren – wenn es vollständig gelingt – sichert die reguläre Aktivierung des genetischen Programms in der Entwicklung des einzelligen Embryos zum vollständigen Organismus. Eine unzulängliche Reprogrammierung ist höchstwahrscheinlich die Ursache für die vielfachen, teilweise dramatischen Entwicklungsfehler der Klone (Rideout et al. 2001). Während der Entwicklung der Keimzellen (Gameten: Samen- und Eizellen) kommt es zu einem komplexen Prozess der epigenetischen Restrukturierung (Remodeling), das garantiert, dass die Genome des mütterlichen und väterlichen Gameten eine normale embryonale Genaktivität erreichen.

XI. Ineffizienz des „Remodeling" beim Klonen

4 bis 5 Prozent des gesamten Genoms und 30 bis 50 Prozent der „imprinted" Gene sind in einem neugeborenen Klon einer Maus nicht korrekt aktiviert. Diese Daten sind ein deutlicher Beweis, dass geklonte Tiere, selbst wenn sie bis zur Geburt überleben, massive Genexpressions-Defekte aufweisen. Auch das Klonschaf *Dolly* war

bei der Geburt scheinbar gesund, ist aber frühzeitig an multiplen Organveränderungen gestorben (Wilmut et al. 1997).

Ein grundlegendes biologisches Hindernis für die Herstellung eines gesunden Klons ist die epigenetische Differenz zwischen den Genen, welche nur von der Mutter, und jenen, welche nur vom Vater vererbt werden. Diese sogenannten „imprinted" Gene werden durch Methylierung so gesteuert, dass entweder nur das väterliche Gen aktiv und das mütterliche inaktiv ist, oder umgekehrt. Diese „monoallelische Expression" der „imprinted" Gene ist essentiell für eine normale Fetalentwicklung.

Innerhalb weniger Stunden nach der Befruchtung verliert fast das gesamte Spermiengenom seine epigenetischen Markierungen (es wird demethyliert), mit Ausnahme der oben beschriebenen „imprinted" Gene. Das Genom der Eizelle ist aufgrund des Zustandes ihrer Erbsubstanz für die Reprogrammierungs-Faktoren nicht zugänglich und kann deswegen seine epigenetischen Markierungen behalten.

Im Falle des Klonens durch Zellkerntransfer kommt es allerdings zu einer Veränderung dieser, während der Gametogenese etablierten, epigenetischen Vorgänge. Der Grund dafür liegt vermutlich daran, dass beim Zellkentransfer das gesamte Genom des Spenderzellkerns gleichermaßen der Remodeling zugänglich ist (also ganz anders als oben für das Genom der Eizelle und Samenzelle beschrieben).

Zusätzliche Probleme bei der Verwendung von geklonten Embryonen ergeben sich aus Unterschieden in den Telomer-Längen (Telomere sind die Strukturen am Ende der Chromosomen, die sich mit jeder Zellteilung zunehmend verkürzen), da eine Verkürzung der Telomere die Vermehrung von Zellen dramatisch beeinträchtigt und zur vorzeitigen Alterung (Seneszenz) führt. Seneszenz von Zellen nennt man den Status des permanenten Wachstumsstillstandes („growth arrest"), dieses Stadium ist normalerweise das natürliche Endstadium einer sich teilenden Zelle. Eine Veränderung der Telomerase-Aktivität (das Enzym, das die Telomeren verlängert) zusammen mit abnormen Veränderungen im Bereich der Telomeren kann zu Zelltransformation und zur Krebsentstehung führen. Eine Reihe von Studien zeigen eine beträchtliche Variationsbreite der Telomerlänge geklonter Tiere nach einem Kerntransfer mit Spenderkernen aus verschiedenen Gewebequellen (Betts 2005). Es ist also zu erwarten, dass bei Versuchen mit menschlichen Spenderkernen und Eizellen große Probleme zu erwarten sind. Umso unverständlicher ist, dass Forscher wie K. Illmensee nicht davor zurückschrecken, reproduktives Klonen auch am Menschen tatsächlich durchzuführen

(Illmensee, 2007) – soweit man Illmensees diesbzüglichen Behauptungen Glauben schenken darf.

XII. Die Hypothese des „therapeutischen" Klonens

Die Hypothese, dass „therapeutisches Klonen" beim Menschen funktionieren könnte, basiert im Wesentlichen auf dem „proof-of-principle"-Artikel von Rideout *et al.* 2002. Ein zweiter, immer wieder als „proof-of-principle" in Anspruch genommener Aufsatz von Barberi et al 2003 hat gar nichts mit „therapeutischem Klonen" zu tun, da die in diesem Experiment therapierten Tiere nicht die Spender der beim Klonen verwendeten Zellkerne waren.

Im Tierversuch von Rideout *et al.* 2002 waren die Autoren nicht in der Lage, die Defekte der durch das Fehlen eines für das Immunsystem essentiellen Gens (Rag2) durch Klonen, Gewinnung von ESZ aus der Blastozyste, anschließende gentechnische Korrekturen an embryonalen Stammzellen und Transplantation der daraus differenzierten Zellen auf die Mäuse, die die Zellkernspender waren, zu heilen.

Die Ursache des Therapieversagens der durch Kerntransfer gewonnenen ESZ war bei den Empfängermäusen das Auftreten von so genannten Killerzellen (NK), die zur Abstoßung der aus geklonten ES Zellen gewonnenen Zellen führten. Dazu kam es anscheinend, weil die aus den geklonten Embryonen gewonnenen Stammzellen zu niedrige Konzentrationen von MHC-Klasse-I-Molekülen aufwiesen, Eiweißmoleküle, die das Immunsystem zur Selbsterkennung benötigt. Um doch noch einen „Erfolg" zu erzielen, wurden die aus den durch Klonen gewonnen differenzierten Zellen auf andere, noch immunschwächere Mäuse transplantiert, die aufgrund eines zusätzlichen Gendefekts auch keine NK Zellen produzieren können. Dies hat allerdings nichts mehr mit „therapeutischem Klonen" zu tun, da die Transplantatempfänger nicht die „Patienten" und Zellkernspender waren.

Angesichts dieses „Erfolges" fragt man sich, was eigentlich von der so genannten „proof of principle"-Arbeit noch übrig bleibt.

In dem zweiten Artikel zeigt Barberi *et al.* die erfolgreiche Implantation Dopamin produzierender Nervenzellen aus geklonten ES Zellen in Parkinson-Mäuse. Die Transplantation funktionierte zwar ohne Abstoßung, allerdings konnte auch aus normalen embryonalen Stammzellen (die aus ivf-Embryonen der Maus gewonnen wurden) eine ebenso erfolgreiche Implantation erreicht werden. Dies liegt vermutlich daran, dass das Gehirn ein immunprivilegiertes Organ ist (Drukker et al. 2004).

Dazu kommt noch, dass die Gewinnung der wenigen embryonalen Stammzelllinien durch Kerntransfer, die in dieser Studie verwendet worden waren, überaus ineffizient war (Mombaerts 2003). Außerdem dauerte die Studie zu kurz (wenige Wochen), um eine möglichen Teratomentstehung sicher auszuschließen (Nishimura et al. 2003). Wie oben erwähnt, führen die beim Klonen gehäuft auftretenden epigenetischen Modifikationen zum vermehrten Risiko einer Tumorentstehung (Gaudet et al. 2003).

Es ist vor diesem Hintergrund außerordentlich erstaunlich, dass bis heute die Publikationen von Rideout et al. 2003 und Barberi et al. 2002 als „proof of principle" für die tierexperimentelle Machbarkeit des „therapeutischen Klonens" in Anspruch genommen werden (etwa: deutscher Nationaler Ethikrat: Stellungnahme „Klonen zu Fortpflanzungszwecken und Klonen zu biomedizinischen Forschungszwecken" 2004 http://www.ethikrat.org/stellungnahmen/pdf/Stellungnahme_Klonen.pdf, Zugriff 16. 6. 2007, sowie: „Klonen durch Zellkerntransfer. Stand der Forschung", 2005 vom Nationalen Ethikrat veröffentlicht, http://www.ethikrat.org/publikationen/pdf/Schreiner_Klonen-durch-Zellkerntransfer.pdf, Zugriff 16. 6. 2007).

Ein Beispiel der Fehlinterpretation dieser Publikation des Nationalen Ethikrates von R. Schreiner, S44:

„Die erste Kombination von therapeutischem Klonen mit Gentherapie beschreibt eine Veröffentlichung von Rideout et al. (2002). Mäuse, die aufgrund eines genetischen Defekts immundefizient waren, wurden als Zellkernspender für SCNT genutzt. Aus den resultierenden Embryonen wurde eine Stammzelllinie etabliert, welche den ererbten Defekt (Rag2-/-) trug. In der Zellkultur wurde der genetische Defekt durch homologe Rekombination korrigiert. Die resultierenden, gesunden ES Zellen wurden in vitro zu hämatopoietischen Vorläuferzellen differenziert und schließlich erfolgreich in die Mäuse rücktransplantiert. Diese entwickelten nach drei bis vier Wochen Zellen der Immunabwehr und Antikörper (Rideout, III et al., 2002)."

Zusammenfassend muss gesagt werden, dass es zur Zeit keine harten Daten gibt, die Anlass zur Annahme geben würden, dass „therapeutisches Klonen" jemals funktionieren könnte.

Aus Sicht des Wissenschaftlers ist das jahrelange Fehlen weiterer Arbeiten auf diesem Gebiet mangels veröffentlichter Studien sehr auffällig und deutet darauf hin, dass dieser Ansatz aufgegeben wurde. Veröffentlichungen der Gruppe um Woo-suk Hwang (Hwang, 2004; Hwang 2005), die zunächst als Nachweis der Möglichkeit der Herstellung humaner ESZ aus geklonten menschlichen Embryonen erschienen sind, stellten sich vor einem Jahr als Fälschungen heraus (Rusnak & Chudley 2006).

Erstaunlich erscheint, dass offenbar die öffentliche Wahrnehmung des „therapeutischen Klonens“ teilweise immer noch im Gegensatz zur wissenschaftlichen Sicht steht. Besonders erstaunlich ist, wenn trotz der vernichtenden wissenschaftlichen tierexperimentellen Befunde hin und wieder (auch politisch) immer noch das experimentelle Klonen menschlicher Embryonen zur Entwicklung des „therapeutischen Klonens“ gefordert wird.

XIII. Alternativen zu ESZ?

Eine pluripotente Stammzelle sollte sich, wie oben beschrieben, in Abkömmlinge aller drei Keimblätter entwickeln können, wie man sie auch in einem erwachsenen Organismus findet. Die ESZ – stringent nachgewiesen allerdings nur in der Maus – ist ein typisches Beispiel einer pluripotenten Stammzelle. Doch wurden auch in fetalen und adulten Organen pluripotente Stammzellen mit ähnlichem Potenzial gefunden (Solter 2006). Hinsichtlich der Risiken der Tumorigenität (Erdo et al. 2003) und der extremen epigenetischen Instabilität (Humpherys et al. 2001) müssten hESZ absolut sicher sein, um in einer potenziellen Therapie Verwendung zu finden. Wie Davor Solter (Solter 2006) feststellt, sind bereits die obligaten Kriterien der Pluripotenz, nämlich die Fähigkeit, Keimbahn-Chimären zu bilden, für hESZ nicht erwiesen, da dies „offensichtlich“ nicht getestet werden könne. Daher seien die einzig wirklich pluripotenten ESZ-Linien die aus der Maus isolierten Zelllinien. In einer Publikation desselben Jahres (James et al. 2006) wird der Versuch beschrieben, Pluripotenz durch Chimärenbildung von Maus-Mensch zu testen. Allerdings waren die meisten dieser chimären Lebewesen morphologisch abnormal und zeigten nur eine sehr geringe Beteiligung von hESZ and der Chimärenbildung.

Die bedeutendste Arbeit zur Gewinnung alternativer pluripotenter Stammzellen wurde von Takahashi und Yamanaka im August 2006 publiziert. Ihnen gelang es, pluripotente Stammzellen aus Zellen des erwachsenen Körpers durch Zugabe von nur vier Faktoren (Oct3/4, Sox2, c-Myc, und Klf4) zu „induzieren“. Die Autoren nannten diese ESZ „induced pluripotent stem“ (iPS) Zellen. Es stellt sich bei diesen Zellen aber die gleiche Problematik dar (Tumorogenität) wie bei „normalen“ ESZ, die aus dem Embryo isoliert werden. Die Ergebnisse von Takahashi und Yamanaka konnten im Juni 2007 von anderen Gruppen reproduziert und optimiert werden (Wernig 2007; Okita 2007). Neben den schon seit vielen Jahren erfolgreich praktizierten Knochenmarkstransplantationen, deren therapeutische Anwendungen in zahlreichen klinischen Studien ständig erweitert werden, gibt es auch den Nachweis von Stammzellen mit pluripotentem Charakter aus dem Knochenmark (D'Ippolito et al. 2004; D'Ippolito et al. 2006; Tatard et al. 2007). Zusätzlich sind auch Stammzellen aus dem Nabelschnurblut in den vergangenen Jahren immer mehr in den Vordergrund gerückt. Sie sind eine sofort anwendbare und preisgünstige Alternative zu hESZ. Britische Wissenschaftlicher um Colin McGuckin (Newcastle) haben im Nabelschnurblut Stammzellen mit „embryonalen" Eigenschaften nachgewiesen: „cord-blood-derived embryonic-like stem cells" (CBEs), die jedoch offenbar nicht das für hESZ typische Tumorrisiko in sich tragen (McGuckin et al. 2006; McGuckin et al. 2005).

Heute gibt es weltweit einige Hunderttausende in öffentlichen Banken eingelagerte Nabelschnurblut-Einheiten, und es haben über 6000 allogene Transplantationen bei 45 verschiedenen Krankheiten stattgefunden (Edwards et al. 2007). Nabelschnurblut-Transplantationen verursachen genauso wenige Komplikationen via graft-versus-host-Reaktion (Brunstein 2007) wie herkömmliche Knochenmarkstransplantate. Menschliches Nabelschnurblut ist daher heute eine international zunehmend genutzte wertvolle Quelle adulter Stammzellen für die Therapie.

Weiters bieten sich die im Januar 2007 publizierte erfolgreiche Gewinnung pluripotenter menschlicher Stammzellen aus dem Fruchtwasser und der Plazenta (AFS) (De Coppi et al. 2007) als leicht zugängliche und kostengünstig Alternative zu hESZ dar.

Zu den wesentlichen Ergebnissen der Forschung mit humanen adulten Stammzellen sind insbesondere auch publizierte (klinische) Studien zu rechnen, die patienteneigene (endogene) Stammzellen stimulieren, etwa durch Gabe von G-CSF (granulocyte colony-stimulating factor) bei Schlaganfällen. Es ist hervorzuheben, dass diese Ansätze auf die Transplantation (allogener oder autologer) Stammzellen verzichten und stattdessen die Regenerationseigenschaften im Körper des Patienten vorhandener adulter Stammzellen stimulieren.

XIV. ANT – eine Alternative?

Ein modifiziertes Verfahren des „therapeutischen Klonens, das in Fachkreisen einiges Aufsehen erregt hatte, der sogenannte veränderte Zellkerntransfer (altered nuclear transfer: ANT) (Hurlbut 2005), stellt sicherlich keine Alternative im Sinne einer therapeutischen Anwendungsperspektive dar. Beim ANT würden durch eine genetischen Eingriff in das Genom des Spenderzellkerns abnormale Blastozysten entstehen, die sich nicht mehr in den Uterus einnisten können. Es soll ein Gen in den Blastozysten vorrübergehend ausgeschaltet werden (Cdx2), das für die Einnistung des Embryos in den Uterus essentiell ist. Wenn die Zeit der Einnistung vorrüber ist, wird das Embryo in der Kulturschale zerstört und als ESZ-Kultur weiterverwendet. Sodann wird durch einen künstlichen genetischen Mechanismus das Cdx-2 Gen wieder angeschaltet, weil es nämlich auch für die weitere Entwicklung der ESZ wesentlich ist. Es gibt eine publizierte Arbeit, die solch ein Verfahren experimentell darstellt (Meissner et al. 2006).

Hier kumulieren jedoch die bereits diskutierten inhärenten Probleme von ESZ sowie die Probleme des Klonens durch Zellkerntransfer zusätzlich mit den schwer überschaubaren Problemen eines künstlich erzeugten genetischen Defekts, die nicht nur einen hypothetischen therapeutischen Einsatz, sondern bereits die Tauglichkeit dieser Zellen für reine Forschungszwecke in Frage stellen.

XV. Stammzellen – Anwendung in der klinischen Forschung?

Das von der US-Behörde National Institutes of Health (NIH) geführte Register klinischer Studien mit Stammzellen nennt derzeit aktuell über 1500 Studien mit menschlichen adulten Stammzellen (einschließlich der Studien, für die keine Patienten mehr rekrutiert werden) (NIH 2007). Zu einem ähnlichen Schluss kommt eine 2007 veröffentlichte Datenbank- und Literaturrecherche der Wissenschaftlichen Dienste des Deutschen Bundestages, wo exemplarisch eine Reihe von Indikationen zur Therapie angegeben werden (Deutscher Bundestag, Wissenschaftliche Dienste, 2007). Es muss davon ausgegangen werden, dass klinische Studien mit Stammzellen ganz überwiegend keine kommerziellen Studien (also ohne industriellen Sponsor), sondern nicht-kommerzielle Studien (investigator-initiated trials, sog. „IITs") sind. Diese Therapie-orientierten Studien sind insbesondere auf Förderung durch die öffentliche Hand angewiesen. Einige Publikationen über klinische Studien mit Patienten konkreter Krankheitsbilder seien hier herausgegriffen:

Koronare Herzkrankheit (KHK) (Stamm et al. 2007), Rückenmarksverletzungen (Lima et al. 2006), Schlaganfall (Hess 2006) (Shyu et al. 2006); Multiple Sklerose (Saccardi et al. 2005). Weitere Indikationen siehe Deutscher Bundestag, Wissenschaftliche Dienste, 2007.

Mit Nabelschnurblutstammzellen gibt es vor allem im Bereich der allogenen Transplantation einige bemerkenswerte Erfolge. Die Düsseldorfer José-Carreras-Stammzellbank gibt an, dass „von den ca. 200.000 Nabelschnurbluttransplantaten, die weltweit in knapp 40 öffentlichen Nabelschnurblutbanken lagern, bereits 6000 allogen bei Patienten angewandt werden" konnten. (José-Carreras-Nabelschnurbank, Brunstein 2007).

Mit hESZ hingegen hat es bis heute keine einzige klinische Studie gegeben. Die Firma GERON hatte zwar in den letzten Jahren immer wieder eine klinische Studie mit hES-Zellen bei Rückenmarksverletzungen angekündigt. Die erste dieser auch von der Deutschen Forschungsgemeinschaft (DFG) zitierten Ankündigungen datiert von 2004 und kündigt den Antrag bei der US-Arzneimittelbehörde FDA für Ende 2005 an (http://www.isscr.org/science/asiapacific.htm). Die zweite kündigte dies im Juni 2006 für 2007 an (http://www.newscientist.com/article.ns?id: dn9349). Noch Ende Januar 2007 hatte GERON auf seiner Homepage die klinische Studie für 2007 angekündigt (GERON-Homepage, Zugriff 30. 1. 2007), heute gibt GERON auf seiner Homepage kein Datum für den Start dieser klinischen Studie mehr an (GERON-Homepage, Zugriff 5. 5. 2007).

Diese „Verzögerungen" sind alles andere als verwunderlich, wenn man sich die unglaublichen Schwierigkeiten vor Augen führt, die zu überwinden wären, um auf Basis von Tumorzellen –die hESZ ja sind –, eine anwendbare Therapie zu entwickeln.

XVI. Ethische Debatte

Die ethische Debatte um die Verwendung von hESZ und des Klonens von Meschen dreht sich im Kern darum, ob der Embryo einen moralischen Status hat, der seine „Verwendung" in der medizinischen Forschung verwehrt.

In der Frage nach dem moralischen Status des Embryos kann in unserer pluralistischen Gesellschaft nur sehr schwer ein Konsens gefunden werden. Vereinfacht kann man zwischen drei Positionen unterscheiden:

(1) Der Embryo besitzt den vollen moralischen Status, daher die absolute Schutzwürdigkeit;

(2) der Embryo hat in den verschiedenen Entwicklungsstadien einen unterschiedlichen moralischen Status, was zu einer abgestuften Schutzwürdigkeit führen würde, oder

(3) der Embryo besitzt gar keinen moralischen Status und ist zu keinem Zeitpunkt und in irgendeiner Weise schutzwürdig.

Befürworter der hESZ-Forschung halten meist Embryonen für in bestimmtem Maße schützenswert, aber eben nicht für unbedingt schützenswert. Sie halten eine utilitaristische Güterabwägung für zulässig und heben die hochrangigen Zwecke von „hochwertiger" Forschung und Medizin hervor. Dieses hohe Gut habe schlussendlich mehr Gewicht als der moralische Einwand, menschliche Embryonen dürften nicht verwendet werden.

Vertreter der Position, die dem Embryo einen vollen moralischen Status zusprechen und somit absolute Schutzwürdigkeit, erklären jegliche fremdnützige Forschung an menschlichen Embryonen – insbesondere die ausschließlich fremdnützige Instrumetalisierung menschlicher Embryonen in der hESZ-Forschung – für nicht akzeptabel. Denn der angebliche „Zellhaufen" trägt von Anfang an das volle Lebensprogramm für die Entwicklung eines Menschen in sich.

Meiner eigenen Meinung nach knüpft Menschenwürde an die – naturwissenschaftlich evidente und verifizierbare – Existenz eines menschlichen Individuums an. Menschenwürde kann nicht vom Vorhandensein irgendwelcher zusätzlicher – letztlich immer akzidentieller – Eigenschaften, wie etwa dem Bewusstsein, abhängig gemacht werden. Person und daher Träger unantastbarer Menschenwürde ist jedes Individuum der Spezies Mensch, unabhängig davon, ob dieses Individuum die ihm prinzipiell zukommende moralische Fähigkeit noch entwickeln muss (Embryo), zwischenzeitlich nicht aktualisiert (erwachsener Mensch in Schlaf oder Koma) oder nicht mehr aktualisieren kann (Demenz).

Eine Einschränkung der Menschenwürde in Perioden der nicht aktualisierten moralischen Fähigkeit entbehrt jeder konsistenten Grundlage und widerspricht den wohlbegründeten Argumenten von Potenzialität, Identität und Kontinuität. In diese Kategorie fällt auch der künstlich von einigen Wissenschaftlern eingeführte Begriff „Prä-Embryo". Er soll den Verbrauch von mittels in vitro-Fertilisation (ivF) hergestellten Embryonen rechtfertigen. Hier muss festgestellt werden, dass es keinen wissenschaftlich (entwicklungsbiologisch) begründeten Unterschied zwischen „Prä-Embryo“ und Embryo gibt. Die fremdnützige Verzweckung von Embryonen zu therapeutischen Zwecken ist daher unter keinen Umständen zulässig.

Die Zulassung der Embryonenforschung und des Klonens zur Stammzellgewinnung würde zu einer Ausdehnung auf eine Vielzahl anderer Anwendungsgebiete führen. Der damit entstehende steigende Bedarf an Embryonen wäre mit der jetzigen Praxis der künstlichen Befruchtung (ivF) bei weitem nicht gedeckt. Zusätzliche Embryonen müssten daher als biologisches „Verbrauchsmaterial“ erzeugt werden. Hier handelt es sich um eine Instrumentalisierung von menschlichem Leben, vom Leben des Embryos, aber auch um eine Instrumentalisierung der Frau als Rohstofflieferantin – schließlich wäre dies auf Unmengen menschlicher Eizellen angewiesen. Ethisch gesehen ist hier vor allem auch die Eizellspende selbst zu bedenken. Frauen kommen aufgrund einer hohen Erwartungshaltung einer „lebensrettenden“ Therapie zur Eizellspende. Wissenschaftlicherseits aber fehlen jegliche Belege aus Tierexperimenten, dass „therapeutisches“ Klonen überhaupt funktionieren könnte. Daher scheint es völlig unwahrscheinlich, dass es Therapien mit (geklonten) humanen embryonalen Stammzellen jemals geben könnte.

In dem Betrugskandal um Woo-Suk Hwang hat es jedenfalls schon ausgedehnten Missbrauch von Eizellspenden gegeben; so wurden junge Mitarbeiterinnen des Labors genötigt, selbst ihre Eizellen zu spenden.

Mittlerweile wird auch immer konkreter darüber nachgedacht, Eizellen von Frauen aus Entwicklungsländern zu importieren. Dies ist auch insofern besorgniserregend, als jetzt schon allein z.B. für die Eizellspende im Rahmen der ivF (etwa in Großbritannien) bei weitem zu wenig Eizellen vorhanden sind.

Eine Eizellspende ist zudem für die betroffenen Frauen alles andere als ungefährlich. Das mit der Eizellspende verbundene Risiko eines ovariellen Hyperstimulationssyndroms (OHSS) kann zusätzlich zu den Gefahren des notwendigen operativen Eingriffs und der Narkose zu hohen gesundheitlichen Risken für die betroffenen Frauen führen (Buckett et al. 2005; Delbaere et al. 2004), bis hin zum Tod (Royal College of Obstetricians and Gynaecologists, http://www.rcog.org.uk/resources/public/pdf/green_top_5_management_ohss_a.pdf, Zugriff 16. 6. 2007).

Die Ausnutzung von Frauen und die Zerstörung menschlichen Lebens allein deshalb zuzulassen, damit eine zur Zeit nicht auf (tierexperimentelle) wissenschaftliche Evidenz gestützte und insofern aus wissenschaftlicher Sicht fragwürdige Forschungsrichtung vorangetrieben werden kann, wäre jedenfalls äußerst bedenklich.

Wer als Forscher mehr über die Entwicklung des Embryos erfahren will, sollte sich mit tierischen Embryonen – durchaus auch mit nicht-menschlichen Primaten – befassen, dort ist noch sehr viel unerforscht.

Wer als Forscher mehr über die Entstehung der Erkrankungen, die man behandeln möchte, und die Nutzung solcher Kenntnisse in der Entwicklung von alternativen Therapien vorantreiben möchte, ist weder auf menschliche embryonale Stammzellen, noch gar auf die schwankende Hypothese des „therapeutischen Klonens" angewiesen. Es gibt valide Alternativen zur Gewinnung tatsächlich pluripotenter Stammzellen, und an diesen ist noch viel Grundlagenforschung zu leisten. Gerade auch aus wissenschaftlicher Sicht bietet die Forschung und Entwicklung auf Basis von Stammzellen aus dem erwachsenen Organismus (adulte Stammzellen, Fruchtwasser und Nabelschnurblut) die bessere und ethisch akzeptablere Alternative.

Literatur

Barberi T, Klivenyi P, Calingasan NY et al. Neural subtype specification of fertilization and nuclear transfer embryonic stem cells and application in Parkinsonian mice. Nat Biotechnol 2003; 21 (10):1200-7.

Betts DH, Perrault SD, Petrik J, Lin L, Favetta LA, Keefer CL, King WA: Telomere length analysis in goat clones and their offspring. *Mol Reprod Dev* 2005, 72:461-70.

Brown DD, Gurdon JB. Size distribution and stability of DNA-like RNA synthesized during development of anucleolate embryos of Xenopus laevis. J Mol Biol 1966; 19 (2):399–422.

Brunstein CG, Baker KS, Wagner JE: Umbilical cord blood transplantation for myeloid malignancies. *Curr Opin Hematol* 2007, 14:162–169.

Brunstein CG, Setubal DC, Wagner JE: Expanding the role of umbilical cord blood transplantation. *Br J Haematol* 2007, 137:20–35.

Brunstein CG, Barker JN, Weisdorf DJ, Defor TE, Miller JS, Blazar BR, McGlave PB, Wagner JE: Umbilical cord blood transplantation after nonmyeloablative conditioning: impact on transplant outcomes in 110 adults with hematological disease. *Blood* 2007.

Buckett W, Chian RC, Tan SL. Can we eliminate severe ovarian hyperstimulation syndrome? Not completely. Hum Reprod 2005; 20 (8):2367; author reply -8.

Cyranoski D. Blow follows blow for stem-cell work. Nature 2006; 439 (7072):8.

D'Ippolito G, Diabira S, Howard GA et al. Marrow-isolated adult multilineage inducible (MIAMI) cells, a unique population of postnatal young and old human cells with extensive expansion and differentiation potential. J Cell Sci 2004; 117 (Pt 14):2971-81.

D'Ippolito G, Diabira S, Howard GA et al. Low oxygen tension inhibits osteogenic differentiation and enhances stemness of human MIAMI cells. Bone 2006; 39 (3):513-22.

De Coppi P, Bartsch G, Jr., Siddiqui MM et al. Isolation of amniotic stem cell lines with potential for therapy. Nat Biotechnol 2007; 25 (1):100-6.

Delbaere A, Smits G, Olatunbosun O et al. New insights into the pathophysiology of ovarian hyperstimulation syndrome. What makes the difference between spontaneous and iatrogenic syndrome? Hum Reprod 2004; 19 (3):486-9.

Draper JS, Smith K, Gokhale P et al. Recurrent gain of chromosomes 17q and 12 in cultured human embryonic stem cells. Nat Biotechnol 2004; 22 (1):53-4.

Drukker M, Benvenisty N. The immunogenicity of human embryonic stem-derived cells. Trends Biotechnol 2004; 22 (3):136-41.

Edwards RG, Hollands P. Will stem cells in cord blood, amniotic fluid, bone marrow and peripheral blood soon be unnecessary in transplantation? Reprod Biomed Online 2007; 14 (3):396–401.

Erdo F, Buhrle C, Blunk J et al. Host-dependent tumorigenesis of embryonic stem cell transplantation in experimental stroke. J Cereb Blood Flow Metab 2003; 23 (7):780-5.

Gaudet F, Hodgson JG, Eden A et al. Induction of tumors in mice by genomic hypomethylation. Science 2003; 300 (5618):489-92.

Hess DC. NXY-059: a hopeful sign in the treatment of stroke. Stroke 2006; 37 (10):2649-50.

Humpherys D, Eggan K, Akutsu H et al. Epigenetic instability in ES cells and cloned mice. Science 2001; 293 (5527):95-7.

Hurlbut WB. Altered nuclear transfer as a morally acceptable means for the procurement of human embryonic stem cells. Perspect Biol Med 2005; 48 (2):211-28.

Hwang WS, Ryu YJ, Park JH, Park ES, Lee EG, Koo JM, Jeon HY, Lee BC, Kang SK, Kim SJ, et al: Evidence of a pluripotent human embryonic stem cell line derived from a cloned blastocyst. *Science* 2004, 303:1669–1674.

Hwang WS, Roh SI, Lee BC, Kang SK, Kwon DK, Kim S, Kim SJ, Park SW, Kwon HS, Lee CK, et al: Patient-specific embryonic stem cells derived from human SCNT blastocysts. *Science* 2005, 308:1777–1783.

James D, Noggle SA, Swigut T et al. Contribution of human embryonic stem cells to mouse blastocysts. Dev Biol 2006; 295 (1):90–102.

Lima C, Pratas-Vital J, Escada P et al. Olfactory mucosa autografts in human spinal cord injury: a pilot clinical study. J Spinal Cord Med 2006; 29 (3):191–203; discussion 4–6.

Maitra A, Arking DE, Shivapurkar N et al. Genomic alterations in cultured human embryonic stem cells. Nat Genet 2005; 37 (10):1099-103.

McGuckin C, Forraz N, Baradez MO et al. Embryonic-like stem cells from umbilical cord blood and potential for neural modeling. Acta Neurobiol Exp (Wars) 2006; 66 (4):321-9.

McGuckin CP, Forraz N, Baradez MO et al. Production of stem cells with embryonic characteristics from human umbilical cord blood. Cell Prolif 2005; 38 (4):245-55.

Meissner A, Jaenisch R. Generation of nuclear transfer-derived pluripotent ES cells from cloned Cdx2-deficient blastocysts. Nature 2006; 439 (7073):212-5.

Mombaerts P. Therapeutic cloning in the mouse. Proc Natl Acad Sci U S A 2003; 100 Suppl 1:11924-5.

Nishimura F, Yoshikawa M, Kanda S et al. Potential use of embryonic stem cells for the treatment of mouse Parkinsonian models: improved behavior by transplantation of in vitro differentiated dopaminergic neurons from embryonic stem cells. Stem Cells 2003; 21 (2):171-80.

Okita K, Ichisaka T, Yamanaka S: Generation of germline-competent induced pluripotent stem cells. *Nature* 2007.

Rhind SM, King TJ, Harkness LM et al. Cloned lambs--lessons from pathology. Nat Biotechnol 2003; 21 (7):744-5.

Rideout WM, 3rd, Eggan K, Jaenisch R. Nuclear cloning and epigenetic reprogramming of the genome. Science 2001; 293 (5532):1093-8.

Rideout WM, 3rd, Hochedlinger K, Kyba M et al. Correction of a genetic defect by nuclear transplantation and combined cell and gene therapy. Cell 2002; 109 (1):17–27.

Roy NS, Cleren C, Singh SK et al. Functional engraftment of human ES cell-derived dopa-minergic neurons enriched by coculture with telomerase-immortalized midbrain astrocytes. Nat Med 2006; 12 (11):1259-68.

Rugg-Gunn PJ, Ferguson-Smith AC, Pedersen RA. Human embryonic stem cells as a model for studying epigenetic regulation during early development. Cell Cycle 2005; 4 (10):1323-6.

Rusnak AJ, Chudley AE. Stem cell research: cloning, therapy and scientific fraud. Clin Genet 2006; 70 (4):302-5.

Saccardi R, Mancardi GL, Solari A et al. Autologous HSCT for severe progressive multiple sclerosis in a multicenter trial: impact on disease activity and quality of life. Blood 2005; 105 (6):2601-7.

Shyu WC, Lin SZ, Lee CC et al. Granulocyte colony-stimulating factor for acute ischemic stroke: a randomized controlled trial. Cmaj 2006; 174 (7):927-33.

Solter D. From teratocarcinomas to embryonic stem cells and beyond: a history of embryonic stem cell research. Nat Rev Genet 2006; 7 (4):319-27.

Stamm C, Kleine HD, Choi YH et al. Intramyocardial delivery of CD133+ bone marrow cells and coronary artery bypass grafting for chronic ischemic heart disease: safety and efficacy studies. J Thorac Cardiovasc Surg 2007; 133 (3):717-25.

Tatard VM, D'Ippolito G, Diabira S et al. Neurotrophin-directed differentiation of human adult marrow stromal cells to dopaminergic-like neurons. Bone 2007; 40 (2):360-73.

Thomson JA, Itskovitz-Eldor J, Shapiro SS et al. Embryonic stem cell lines derived from human blastocysts. Science 1998; 282 (5391):1145-7.

Wernig M, Meissner A, Foreman R, Brambrink T, Ku M, Hochedlinger K, Bernstein BE, Jaenisch R: In vitro reprogramming of fibroblasts into a pluripotent ES-cell-like state. *Nature* 2007.

Wilmut I, Schnieke AE, McWhir J et al. Viable offspring derived from fetal and adult mammalian cells. Nature 1997; 385 (6619):810-3.

Fachbegriffe:

allogen(e Knochenmarkstransplantation): anders, verschieden – (Knochenmark-Fremdspende)

Allel: Das sind Gene, die an identischen Stellen auf gleichen Chromosomen vorkommen. Die Information in allelen Genen kann gleich sein (gleiche Basenfolge) oder unterschiedlich.

Aneuploid: Zellen weisen numerische Aberrationen ihres ansonsten diploiden Chromosomensatzes auf.

AS-Zellen: adulte Stammzellen

autolog(e Knochenmarktransplantation): (autogen) aus dem gr. autos: selbst aus dem Körper entstanden, nicht von außen eingebracht – Eigenknochenmarkspende.

Blastomere: die einzelnen Zellen der Zygote

Blastozysten: Embryo mit Separierung in Embryoblast und umgebender Trophoblastschicht

Chromatin: Substanz im Zellkern, die im Wesentlichen aus DNA, RNA und Proteinen besteht.

Chromosomen: fadenförmige Bestandteile des Zellkerns, sie bestehen aus DNS und sind die Träger der Erbanlagen (Gene)

Differenzieren: Entwicklung von Vorläuferzellen in spezialisierte Zellen

DNA: Desoxyribonukleinsäure (DNS), Träger der Erbinformation

ES-Zellen: embryonale Stammzellen

Embryo: Frucht in der Gebärmutter während der Organentwicklung, das sind beim Menschen die ersten 3 Monate der Schwangerschaft. Danach: Fetus

Enukleieren: den Zellkern entfernen

Epigenetik: erbliche Veränderungen in der Genomfunktion, die ohne eine Änderung der DNA-Sequenz auftreten.

Expression: Aktivierung eines Gens, so dass RNA abgelesen und schließlich ein Protein produziert wird.

Gamet: Bezeichnung für männliche oder weibliche Keimzellen (Eizellen und Samenzellen).

Gen: Erbanlage: ein Stück DNA, das die charakteristische Zusammensetzung eines Eiweißmoleküls bestimmt

Eukaryonten: darunter werden alle Lebewesen mit Zellkern (Eucaryota bedeutet „echter Kern“) und Zytoskelett zusammengefasst

Genom: die Gesamtheit der Gene eines Individuums

„growth arrest": Wachstumsstillstand

homologe Rekombination: So kann man über identische DNA-Abschnitte ins Genom beispielsweise Gene oder DNA-Sequenzen (mit identischer Abfolge der Basen) einfügen.

Hypothese: Annahme

„feeder layer“: Nährschicht

Immunsystem: Das körpereigene Abwehrsystem gegen körperfremde Substanzen und Organismen (z.B. Bakterien oder Viren)

Immunsuppression: Unterdrückung des Immunsystems

Imprinting: Genomische Prägung (genomic imprinting) – Die Aktivität eines Gens hängt von seiner elterlichen Herkunft ab, wobei das inaktive Gen „geprägt: imprinted“ genannt wird.

Integration: Einbau eines DNA-Stückes in ein Chromosom

in vitro: (lat.): im (Reagenz-)Glas, d.h. außerhalb des lebenden Organismus.

in vivo: (lat.): am Lebendigen, d.h. in einem lebenden Organismus.

Karzinom: ein vom Epithel ausgehender bösartiger Tumor

Keimblätter: 3 Gewebecluster, von denen sich alle Strukturen des menschlichen Körpers ableiten lassen.

Klon: Gruppe von Zellen oder Organismen mit identischem Erbgut, die durch Teilung (ungeschlechtliche Fortpflanzung) aus einer einzigen Zelle oder einem einzelnen Organismus hervorgegangen sind.

Knochenmark: Im Innern der Knochens gelegenes Gewebe, Produktionsstätte für im Blut zirkulierende Blutzellen.

Knochenmarktransplantation (KMT): Behandlung, bei der Knochenmark, das durch die Erkrankung oder Behandlung angegriffen wurde, durch gesundes Knochenmark ersetzt wird.

large offspring syndrome: ein Defekt, der durch ein vermehrtes Geburtsgewicht, Vergrößerung der Organe, metabolische Veränderungen und eine vergrößerte Plazenta charakterisiert ist

Lymphozyten: Untergruppe der weißen Blutkörperchen (Leukozyten). Aufgaben: Produktion von Antikörpern, Gedächtniszellen, Killerzellen.

Marker: Substanzen z.B. im Blut, deren Nachweis eine Aussage über Vorliegen, Verlauf oder Prognose von Erkrankungen ermöglicht

Medium: Ein Nährmedium ist eine sterile Matrix mit definierten Umgebungsbedingungen und dient der Züchtung von Gewebekulturen.

Metaphasen: Teil des Zellzyklus (Mitose) – die kondensierten „Metaphasechromosomen“ werden durch die Mikrotubili der

Spindel zwischen den Spindelpolen in der Äquatorialebene ausgerichtet.

Methylierung der DNA: An Nukleotidpaaren mit der Sequenz Cytosin-Guanin (CG) kann das Cytosinmolekül in der Zelle durch eine Methylgruppe modifiziert sein. Diese DNA-Methylierung ist mit der Bildung von inaktivem Chromatin verbunden.

Mitochondrien: Ein von einer Doppelmembran umschlossenes Zellorganell, das der eukaryontischen Zelle zur Energiegewinnung dient.

Mitose: Vorgang der Zellkernteilung bei Zellen eines eukaryotischen Lebewesens.

multipotent: bezeichnet man Stammzellen, die die Fähigkeit haben, sich zu verschiedenen Zelltypen innerhalb eines Gewebetyps (z.B. Blutzellen) zu differenzieren

Mutation: Bleibende Veränderung der DNA.

Nukleus: Zellkern

Nukleartransfer: Übertragung des Zellkerns einer Spenderzelle in eine entkernte Eizelle

Pankreas: Bauchspeicheldrüse

Pathogene: Krankheitserreger

perivitellinen Raum: liegt zwischen einer Art äußerer Eihaut (Zona pellucida) und der Oberfläche der Eizelle (Oocyte)

pluripotent: bezeichnet man Stammzellen, die die Fähigkeit haben, sich in alle Zelltypen der drei Keimblätter differenzieren zu können, jedoch nicht in der Lage sind, den ganzen Organismus zu bilden.

Polkörperchen: entstehen bei der Reifeteilung und tragen den von der Eizelle nicht mehr benötigten Anteil des genetischen Materials

Prä-Implantation: vor der Einnistung des Embryos in den Uterus

Proliferation: starkes Wachstum, Wucherung

Proteine/Eiweiße: Moleküle, die aus Aminosäuren aufgebaut sind. Sie spielen die wichtigste Rolle für Struktur und Funktion eines Organismus.

Replikation: Vervielfältigung, Vermehrung (von Zellen), Zellteilung

Rekombination: Vorgang, bei dem genetisches Material neu zusammengesetzt wird.

Reprogrammieren: Rückversetzung des Erbgutes von Körperzellen in einen embryonalen Zustand

Ribonukleinsäure (RNA): engl.: Ribonucleic Acid. Sie ist eine Kopie (Transkription) der DNA, besteht aber nur aus den codierenden Abschnitten der DNA

Selektion: Auslese der Organismen, die am besten überleben können

Seneszenz: bezeichnet das biologische Phänomen, dass die meisten Zellen von Wirbeltieren nach einer bestimmten Zahl von Zellteilungen (Mitosen) in der Zellkultur ihr Wachstum einstellen.

Signaltransduktion: Übertragung extrazellulärer Signale ins Zellinnere bzw. Umwandlung extrazellulärer Signale in zellinterne Signale.

Somatisch: Alle Körperzellen mit Ausnahme der Keimzellen betreffend.

Stammzellen: Zellen, die nicht ausdifferenziert sind und daher noch ihre ursprüngliche Entwicklungsfähigkeit besitzen

transgen: Gen, das mit gentechnischen Verfahren in das Erbgut eines Organismus eingebracht wurde.

Teilungen, symmetrische: Teilungen, bei denen aus einer Zelle zwei gleiche Zellen entstehen

Teilungen, asymmetrische: Teilungen, bei denen aus einem Vorläufer eine differenzierte Zelle und eine Vorläuferzelle entsteht

Telomer: sind die repetitiven DNA-Sequenzen samt assoziierten Proteinen, die sich am Ende jedes Chromosoms befinden

Telomerase: das Enzym, das die Telomeren verlängert; in den somatischen Zellen (Körperzellen) des Menschen normalerweise nicht aktiv

Teratomen: Mischgeschwulst, das von Keimzellen abstammt

Transformation (maligne): Prozess der Umwandlung einer normalen Zelle in eine bösartige Zelle

Totipotenz: Fähigkeit zur Bildung des ganzen Organismus im Uterus, inklusive Plazenta.

Zellkultur: bezeichnet man das Kultivieren von Zellen höherer eukaryotischer Lebewesen

Zellteilung: ist der biologische Prozess, der das Wachstum und die Fortpflanzung aller Lebewesen gewährleistet. Bei der Zellteilung entstehen zwei neue aus einer alten Zelle.

Zellzyklus: Abfolge von Phasen der Zellreifung und -teilung

Andreas Laun

Zur Abschaffung der Fristenlösung

Als Rom in Gefahr war, von den Karthagern erobert zu werden, wiederholte der römische Senator Cato wieder und wieder: „Ich meine, Karthago muss zerstört werden, ceterum censeo Carthaginem esse delendam". Dasselbe muss man heute bezüglich der Fristenlösung sagen: Dieses Gesetz bedroht das Land, „istam legem esse delendam", dieses Gesetz muss „zerstört" werden, weil es uns zerstört!

I. Die „Fristenlösung"

Im Jahr 1975 führte die sozialistische Regierung unter Bundeskanzler Bruno Kreisky in Österreich die Fristenlösung ein. Sie konnte dies auf Grund ihrer damaligen absoluten Mehrheit auch gegen den erbitterten Widerstand der Volkspartei, der Katholischen Kirche, der evangelischen Christen und anderer Gruppierungen.[5] Alle Argumente und Warnungen vor den Folgen des Gesetzes nützten nichts. Die Kritiker arbeiteten einen Gesetzesvorschlag aus, der dem Anliegen der sozialistischen Reformer Rechnung tragen sollte: Eine Abtreibung sollte nicht bestraft werden, wenn sich die Frau in einer schwerwiegenden Notlage befunden und Hilfe gesucht, aber nicht erhalten hatte. Aber auch dieser Vorschlag konnte die Befürworter des Gesetzes ebenso wenig umstimmen wie die fast 1 Million Unterschriften, die die „Aktion Leben", damals noch eindeutige Gegnerin der Fristenlösung, im Rahmen eines Volksbegehrens gesammelt hatte.

Inzwischen sind mehr als 30 Jahre vergangen, und der Widerstand ist weitgehend erlahmt. Man zitiert zwar häufig das Wort von Kardinal König, der nach dem Scheitern des Volksbegehrens die Fristenlösung eine „offene Wunde" genannt hatte, aber an der Heilung der Wunde scheint man nicht mehr sehr interessiert zu sein.

5 Zur Abtreibung vgl. vor allem M. Müller, Mehr Licht. Wien 2006. Zur Entwicklung in Österreich auch: A. Laun, Abtreibung. In: Fragen der Moraltheologie heute. Wien 1992, 11–93.

Sogar in der Katholischen Kirche denken viele: Wir sind zwar gegen Abtreibung, aber die Fristenlösung als Gesetz ist nicht so schlecht.

II. Standpunkte und Argumente

In den Augen der Christen ist Abtreibung ein moralisches Problem, aber zugleich ein Problem der Menschenrechte, weil die Abtreibung die bewusste Tötung eines bereits existierenden Menschen ist, also Mord (auch wenn man den Begriff gerne meidet).[6] Die Formel lautet: Das unschuldige menschliche Leben ist heilig und unantastbar von der Empfängnis bis zum natürlichen Tod.[7] Eckpunkte der Argumentation gegen Abtreibung sind dementsprechend einerseits die Empfängnis als Beginn des menschlichen Lebens[8], andererseits das Menschenrecht auf Leben, Argumente der Vernunft, nicht erst des Glaubens!

6 Zweites Vatikanisches Konzil, Gaudium et spes 27: „Was ferner zum Leben selbst in Gegensatz steht, wie jede Art Mord, Völkermord, Abtreibung, Euthanasie und auch der freiwillige Selbstmord; was immer die Unantastbarkeit der menschlichen Person verletzt, wie Verstümmelung, körperliche oder seelische Folter und der Versuch, psychischen Zwang auszuüben; was immer die menschliche Würde angreift, wie unmenschliche Lebensbedingungen, willkürliche Verhaftung, Verschleppung, Sklaverei, Prostitution, Mädchenhandel und Handel mit Jugendlichen, sodann auch unwürdige Arbeitsbedingungen, bei denen der Arbeiter als bloßes Erwerbsmittel und nicht als freie und verantwortliche Person behandelt wird: all diese und andere ähnliche Taten sind an sich schon eine Schande; sie sind eine Zersetzung der menschlichen Kultur, entwürdigen weit mehr jene, die das Unrecht tun, als jene, die es erleiden. Zugleich sind sie in höchstem Maße ein Widerspruch gegen die Ehre des Schöpfers." Und Papst Johannes Paul II. in Evangelium vitae 58: „Die sittliche Schwere der vorsätzlichen Abtreibung wird in ihrer ganzen Wahrheit deutlich, wenn man erkennt, daß es sich um einen Mord handelt."

7 Papst Johannes Paul II. (Evangelium vitae 93) fordert die Familien auf, sich dafür einzusetzen, „daß die Gesetze und Einrichtungen des Staates auf keinen Fall das Recht auf Leben von der Empfängnis bis zum natürlichen Tod verletzen, sondern es schützen und fördern."

8 Eine sehr gute Übersicht bietet dazu R. Müller-Terpitz: Der Embryo ist Rechtsperson, nicht Sache. In: Zeitschrift für Lebensrecht 2/2006, 34–42.

Dass sie dieses Menschenrecht nicht achteten, wollen sich freilich auch die Befürworter der Fristenlösung nicht nachsagen lassen und darum behaupten sie gegen alle Evidenz der Embryologie, dass das Leben des Menschen nicht mit der Empfängnis beginne, sondern erst mit der Einnistung des befruchteten Eis in der Gebärmutter, und dies sei auch der Beginn der Schwangerschaft.[9] Damit kann man zumindest sehr frühe Eingriffe und vor allem die „Pille danach" der Verhütung zurechnen und entzieht sie dem Odium der „Abtreibung". Dafür nimmt man sogar in sich widersinnige und damit unwissenschaftliche Begriffe wie die „Notfallskontrazeption" [10] (für die „Pille danach") in Kauf: Eine „Verhütung", nachdem das Ereignis, das verhütet werden soll, schon eingetreten ist?

Eine andere Schiene der Argumentation bedient sich des hohen Wertes der Freiheit und der „Autonomie" der Frau, die, so sagt man, letztlich selbst entscheiden müsse und auch dürfe. Nur von daher ist verständlich, dass man heute Abtreibung als Menschenrecht der Frau bezeichnet und dieses „Recht" auch offiziell anerkannt wissen will.[11]

Widersprüchlich ist es auch, dass sich derjenige, der abtreibt und dem dies von Lebensschützern vorgehalten wird, normalerweise gegen diesen Vorwurf wehrt und ihn als Ehrenbeleidigung wertet – was unlogisch wäre, wenn er bei der Abtreibung ohnehin keinen

9 Vgl. M. Müller, Mehr Licht. Wien 2006, 48.

10 Unter www.vikela.at/notfall.htm findet sich zum Stichwort „Notfallkontrazeption": „Verhütung und Schwangerschaft betreffen immer auch den Partner. Trotz allem bleibt die Entscheidung ein Kind in die Welt zu setzen oder nicht, letztlich bei der Frau. Selbstbestimmung ist für die Frau zu einer Selbstverständlichkeit geworden. In diesem Sinn ist es auch ihr Recht, den Zeitpunkt einer Schwangerschaft selbst zu bestimmen. Deshalb bieten wir Frauen, die zu einer möglichen Schwangerschaft nicht bereit sind, rasche und schonende Hilfe zu einem Zeitpunkt, wo Verhütung noch nachgeholt werden kann. Auf diese Weise kann eine Frau in den meisten Fällen einen herkömmlichen Schwangerschaftsabbruch verhindern, der ihren Körper um ein Vielfaches mehr belastet als die Notfallkontrazeption." Andere Texte sprechen viel von moralischen Bedenken und persönlichen Werthaltungen. Dabei lässt man freilich geflissentlich das eigentlich Gemeinte und die exakten Gründe für die „Bedenken" im Dunkeln.

11 www.kath.net, 30.7.2007 zufolge überlegt sogar Amnesty International, Abtreibung bei Vorliegen bestimmter Indikationen als Menschenrecht anzuerkennen.

Menschen tötet und es folgerichtig sogar ein Menschenrecht auf Abtreibung gäbe!

Eine Einigung kann es angesichts dieser Fronten verständlicherweise nicht geben. Darum versuchen die Befürworter der Fristenlösung, die Wertung der Abtreibung als religiöses Problem darzustellen: In einer pluralistischen Gesellschaft dürfe es eben verschiedene Meinungen geben. Wenn die Katholiken „aus religiösen Gründen" Abtreibung ablehnen, sei dies ihr gutes Recht und bleibe ihnen unbenommen, schließlich müssten sie ja nicht abtreiben, niemand wolle sie zwingen. Aber ebenso gutes Recht der Andersdenkenden sei es, das zu tun, was sie für richtig halten. Die Fristenlösung sei daher die beste Lösung – jeder könne nach seiner Ansicht handeln.

Der Fehler dieses Argumentes liegt auf der Hand: Der Schutz des menschlichen Lebens ist nicht eine Frage der Religion oder der persönlichen Meinungen. Vielmehr geht es dabei um ein Grundrecht jedes Menschen. Dieses zu schützen ist eine naturrechtliche Verpflichtung des Staates, und zwar nicht irgendeine, sondern eine ganz und gar grundlegende. Auch hat die Frage nach dem Beginn des menschlichen Lebens nicht der Glaube zu beantworten, sondern die Antwort darauf ist primär Sache der Vernunft und der Empirie, der Glaube kann sie nur noch vertiefen. Aber wie man sieht: Ideologische, vom Interesse bestimmte Positionen können in bestimmten Konstellationen viel stärker sein als die besten Argumente der Vernunft und Wissenschaft.

Man erinnere sich: Es gab Zeiten, in denen bestimmte Kreise Indianer, Schwarze und Frauen nicht für „Personen" hielten. Von dieser „Meinung" leitete man das „Recht" ab, Indianer zu töten, Schwarze zu versklaven und Frauen weitgehend zu entrechten. Etwas Ähnliches geschieht heute mit den Embryonen: Wenn diese keine Menschen sind, sondern Zellklumpen, darf man sie abtreiben, das könnte der Papst selbst nicht mehr bestreiten!

Dass diese „Überzeugung" unehrlich ist, zeigt unter anderem die Praxis der Spät-Abtreibung behinderter Kinder in Verbindung mit der pränatalen Diagnose. Denn neben allem öffentlichen Einsatz für jene Behinderte, die schon auf der Welt sind, betreibt man eine Raster-Fahndung nach ungeborenen Behinderten und tötet sie auch jenseits jenes Entwicklungsstadiums, von dem man behauptet, es handle sich noch nicht um Menschen.

Was ist Abtreibung wirklich? Man sollte diese Frage auch jenen Frauen stellen, die eine Abtreibung hinter sich haben, und man sollte auf ihr Zeugnis und ihr Leiden an der Erinnerung an die Abtreibung hören. Denn viele von ihnen sagen: Was bei der Abtreibung „weggemacht" wurde, war kein Zellklumpen, heute weiß ich, es war mein Kind. Ich persönlich erinnere mich an eine Fernsehdiskussion im ORF (die Serie hieß „Schiejok täglich") mit betroffenen Frauen, bei der zu Beginn ausgemacht wurde, niemand dürfe von „Kind" sprechen. Aber da war keine einzige Frau, die die Regel einhalten konnte, jeder rutschte das Wort „Kind" einmal oder mehrfach heraus! Offenbar gibt es ein tiefes Wissen um die Wahrheit, das sich nicht wirklich unterdrücken lässt: Was bei der Abtreibung getötet wird, ist ein Kind. Auch Berichte aus Altersheimen bestätigen: Frauen, die abtreiben, wissen letztlich doch, was dabei geschieht, und können es nicht vergessen![12]

III. Geistige Voraussetzungen der Fristenlösung

Zur Heilung der Gesellschaft bedarf es der Abschaffung der Fristenlösung, und dazu bedarf es der Überwindung aller Ideologien, die zu dieser liberalen Gesetzgebung geführt haben.

Eine der verderblichen Ideologien ist der radikale Feminismus, ein „Mittäter" in der Kultur des Todes von heute, eine frauenfeindliche Bewegung, weil sie die Frau nach Maßgabe ihres ideologischen Prokrustesbettes verstümmelt und ihr dabei das Kostbarste nimmt: die Freude daran, Mutter werden und sein zu können.[13]

Eine andere Ideologie, die das Unrechts-Gesetz ermöglicht hat, ist die Tendenz, das, was die Mehrheit will, auch für rechtens zu halten. Sie hat auch zur neuen Akzeptanz der Euthanasie in Theorie und, in manchen Ländern, auch in der Praxis geführt. Nach dem 2. Weltkrieg war es unmöglich, sich öffentlich für „Euthanasie" stark zu machen, man sprach von ihr nur ablehnend und in Erinnerung an die Verbrechen des NS-Staates. Indem die Fristenlösung diesen Rechtspositivismus gefördert hat, hat sie auch die neue Akzeptanz der Euthanasie vorbereitet, wie die Kritiker es vorausgesagt hatten. Diese Ideologie vom „absoluten Recht der Mehrheit" ist identisch

12 Kürzlich erzählte mir eine Sozialarbeiterin, die viel mit Sterbenden zu tun hatte, von einer Frau, die tagelang scheinbar wie tot dalag, dann aber sich plötzlich aufrichtete und laut sagte: „Das hätte ich nicht gedacht, das hätte ich nicht gedacht, dass eine Abtreibung so schrecklich ist."

13 Vgl. zur Kritik am Feminismus J. Lang, Feminismus und Bevölkerungskrise. In: R. Beckmann, M. Löhr, S. Baier (Hg.), Kinder: Wunsch und Wirklichkeit. Krefeld 2006, 111–121.

mit der Nicht-Anerkennung der Menschenrechte, die man früher auch „Naturrecht“ nannte, und der Missachtung des 5. Gebotes Gottes. Sie unterminiert den Rechtsstaat, auch wenn nicht alle Folgen sofort sichtbar werden.

IV. Folgen der Fristenlösung

Inzwischen hat das Gesetz das Rechtsempfinden weiter verändert, sogar derer, die gegen Abtreibung sind. Die Veränderung zeigt sich zum Beispiel in der Art und Weise, wie sie über Abtreibung sprechen und dabei Formulierungen der Abtreibungs-Befürworter übernehmen, ohne dabei den Widerspruch zu ihrer eigenen Haltung zu bemerken: Man sagt „helfen statt strafen“, Frauen müssen „selbst entscheiden“, ihre Entscheidung müsse man „respektieren“. Man weiß nicht mehr, dass „helfen statt strafen“ der Slogan der Sozialisten war, mit dem sie die Fristenlösung durchgedrückt haben, und man sieht nicht, dass man bei anderen Straftaten (bei einem Banküberfall etwa) niemals auf die Idee käme zu fordern, man müsse die „Entscheidung“ des Straftäters „respektieren“.

Zur Überwindung der Fristenlösung wäre es nötig, endlich alle Tabus und Denkverbote aufzugeben, die hindern, die verderblichen Folgen der Fristenlösung wahrzunehmen:

Heute muss man vor allem auch sehen: Die Fristenlösung ist eine der Ursachen für die sich anbahnende demographische Katastrophe: Seit der Einführung des „liberalen“ Gesetzes sind Millionen Kinder abgetrieben worden. Diese Menschen sind nicht nur „nicht vorhanden“, sondern sie fehlen, und ihr Fehlen wird mehr und mehr zur Katastrophe: Arbeitsplätze gehen verloren, Renten können nicht mehr gezahlt werden, Europa hat größte Mühe, seine Identität zu bewahren, und kann seine Wirtschaft nicht mehr aufrecht erhalten. So muss es die benötigten Arbeitskräfte aus anderen Ländern holen. Aber es kommen nicht „nur Arbeitskräfte“, sondern „Menschen“ mit ihrer anderen Kultur und stellen damit das alternde Europa vor neue Fragen und Schwierigkeiten.

Eine besondere Schwierigkeit stellen dabei unleugbar die Muslime dar, weil der Islam keine Trennung von Politik und Religion kennt. Aber auf Grund ihrer hohen Geburtenrate sind die Muslime in Europa gegenwärtig wie nie zuvor in der Geschichte. Auf Grund ihrer viel höheren Geburtenrate werden die Muslime im Lauf der Jahre auf durchaus friedlichem Weg Mehrheiten erringen und nach gut demokratischem Prinzip nach der Macht streben. In dem Maße, in dem sie sie erringen, werden sie ihre Gesetze nach den Vorgaben der Scharia auch in Europa einführen. Es gibt führende Muslime, die offen und unverhüllt sagen: „Die islamische Bewegung muss die Macht im Staat ergreifen, sobald sie moralisch und zahlenmäßig so stark ist, dass sie die bestehende nichtislamische Macht stürzen und die islamische Macht errichten kann." So der ehemalige bosnische Präsident Izetbegovic. [14] Unverhüllt auch der ehemalige türkische Regierungschef Sulayman Demirel im Gespräch mit dem deutschen Altbundeskanzler H. Schmidt: „Warten Sie mal ab. Wir produzieren die Kinder, und ihr werdet sie aufnehmen."[15] Und noch derber eine Türkin im Gespräch: „Was die türkischen Männer vor Wien nicht geschafft haben, das schaffen jetzt die türkischen Frauen durch Gebären! Das sind sie Allah und seinem Auftrag schuldig: Wir gebären euch kaputt!"[16]

V. Abschaffung der Fristenlösung

So gibt es gute, triftige Gründe, alles zu tun, um die Abtreibungen wieder einzuschränken und damit auch die volle Rechtsstaatlichkeit wiederherzustellen. Und doch, derzeit besteht kaum Hoffnung, dass sich in Europa so schnell etwas ändern wird. In den USA scheint zwar etwas in Bewegung gekommen zu sein, besonders bezüglich der Spätabtreibungen und der Finanzierung von Abtreibungs-Programmen im Ausland, aber der Weg zu einem wirklichen Verbot der Abtreibung wird auch dort lang und mühsam sein.

Notwendig ist vor allem eine Bewusstseinsveränderung: Ohne dass darüber viel gesprochen wird, hat sich in den meisten Menschen der Gedanke vom Recht der Mehrheit verfestigt, man meint, dies sei ein Wesenselement der Demokratie. Unbeachtet bleibt dabei, dass auch die Mehrheit an die Wahrheit und an das Naturrecht

14 „Die Welt", 9.2.1993. Vgl. auch A. Laun, Die katholische Basis für die Begegnung mit dem Islam – Ist der Islam „europareif"? – Europa und die islamische Kultur. In: Kirche heute 7/2006.

15 So im Magazin „Zeit-Punkte" Nr. 1, 1993, S. 29.

16 Zitiert in: Muslime erobern Deutschland. Eine Dokumentation. Hg. von A. Murtensacker. Lippstadt 1998, 65.

gebunden bleibt und ohne diese Bindung zur Diktatur werden kann, wie Papst Johannes Paul II. warnend dargelegt hat.[17]

Geschehen muss etwas, aber nichts wird „von selbst" geschehen. Wenn jemand sagt: Abtreibung sei ein „wohl erworbenes Recht, das wir nicht mehr aufgeben können", ist zu antworten: „Abtreibung oder Zukunft, man muss sich entscheiden, denn Abtreibung und Zukunft gibt es nicht!", und dies ist kein religiöses oder sonst wie weltanschauliches Dilemma, sondern eine Entscheidung, die das Leben auf Grund innerer Logik abverlangt.

Geschehen wird allerdings nichts, wenn sich nicht etwas im Denken der Mehrheit ändert. Auch der hellsichtigste und bestmeinende Politiker kann nichts zum Guten ändern, wenn es nicht genügend Wähler gibt, die ihm die Stimme und damit die Macht dazu geben. Wir brauchen eine neue Aufklärung, vorangetragen von den Intellektuellen und den Vertretern der Medien: Eine Aufklärung, die die Irrtümer entlarvt, die Folgen benennt und sich allen Tabuisierungen und Denkverboten im Sinne der „politischen Korrektheit" widersetzt.

Eine entscheidende Aufgabe kommt bei dieser Aufklärung der Kirche zu: Sie muss die Heiligkeit des Lebens, das „Evangelium vitae", wie es Papst Johannes Paul II. genannt hat, zu einem zentralen Thema ihrer Verkündigung machen. Auch wenn man niemals die moralischen und rechtlichen Gesichtspunkte weglassen kann, in dieser neuen Diskussion wird man die ökonomischen und demographischen Folgen der Abtreibung in den Mittelpunkt stellen müssen, weil so auch Atheisten begreifen: Es geht um das Überleben Europas. Die Ortskirchen in den europäischen Ländern werden dabei als

[17] Papst Johannes Paul II., Evangelium vitae 20: „Es ist das unheilvolle Ergebnis eines unangefochten herrschenden Relativismus: das ‚Recht' hört auf Recht zu sein, weil es sich nicht mehr fest auf die unantastbare Würde der Person gründet, sondern dem Willen des Stärkeren unterworfen wird. Auf diese Weise beschreitet die Demokratie ungeachtet ihrer Regeln den Weg eines substantiellen Totalitarismus. Der Staat ist nicht mehr das „gemeinsame Haus", in dem alle nach den Prinzipien wesentlicher Gleichheit leben können, sondern er verwandelt sich in einen tyrannischen Staat, der sich anmaßt, im Namen einer allgemeinen Nützlichkeit – die in Wirklichkeit nichts anderes als das Interesse einiger weniger ist – über das Leben der Schwächsten und Schutzlosesten, vom ungeborenen Kind bis zum alten Menschen, verfügen zu können." Dahinter steht, so der Papst weiter (Evangelium vitae 68) die falsche Idee, dass „das Gesetz immer Ausdruck der Meinung und des Willens der Mehrheit der Bürger sein" soll.

ersten Schritt die „Splitter und Balken“ im eigenen Auge suchen und entfernen müssen, bevor sie andere mahnen. Denn auch in ihren Reihen gibt es bereits allzu viele, die Abtreibung verharmlosen und ihr unter Umständen sogar zustimmen. Außerdem bedürfen die Christen des Mutes, über ihren Dissens gegenüber „Humanae vitae“ nachzudenken, also gegenüber jenem Dokument, in dem Papst Paul VI. sein Nein zur Empfängnisverhütung gesprochen hat.[18] Denn erstens fehlen auch die Kinder, die auf Grund einer verengten, egoistischen Sicht vieler Paare zwar nicht abgetrieben, wohl aber verhütet werden, und zweitens fördert die Verhütungs-Mentalität die Bereitschaft zur Abtreibung. Das jedenfalls hat Papst Johannes Paul II. gesagt[19], und es wäre wichtig, darüber nachzudenken und die Zusammenhänge zu begreifen. Natürlich kann man ein verhütetes Kind nicht mehr abtreiben, das wusste auch der Papst. Aber wenn es den Zusammenhang zwischen Verhütung und Abtreibung gleichsam „unterirdisch“ geben sollte, dann bedeutet das: Die breite Akzeptanz der Verhütung auch bei den Katholiken fördert Abtreibung, und damit sind sie für den Kindermangel mitverantwortlich, auch wenn sie Abtreibung ablehnen.

Politiker sind auf die Wähler angewiesen, aber den Diskussionsprozess sollten sie dringend einleiten und vor allem eine entsprechende Familienpolitik machen, eine, die den Frauen die Mutterschaft möglichst leicht macht. Dazu würde auch gehören, dass Mütter für ihren so wichtigen Beitrag zum Allgemeinwohl materiell abgesichert und entlohnt werden.[20]

Bei der Einführung der Fristenlösung hatte die Regierung seinerzeit die so genannten „flankierenden Maßnahmen“ versprochen, mit deren Hilfe es Frauen leichter gemacht werden sollte, nicht abzutreiben. Abgesehen davon, dass sich diese „Maßnahmen“ in anderen Ländern als nicht wirklich wirkungsvoll erwiesen haben, hat man es in Österreich mit ihnen nicht einmal versucht. Aber sogar wenn es sie endlich gäbe, entscheidend verändern würden auch sie die Lage nicht. Die Gesellschaft mag sich drehen und wenden, wie sie will, sie wird um die Frage nicht herumkommen:

Sind wir bereit, die Fristenlösung abzuschaffen, und Abtreibung wieder unter Strafe zu stellen oder sind wir dazu nicht bereit?

18 Die „Königsteiner Erklärung“ der Deutschen Bischöfe und die „Mariatroster Erklärung“ der Österreichischen Bischöfe zu „Humanae vitae“ bedürften beide einer Neufassung.

19 In Evangelium vitae 13.

20 Vgl. S. Baier, Kinderlos. Aachen 2004.

Wenn wir nicht dazu bereit sind, wird Europa, so wie wir es kennen und lieben, auf längere Sicht hin nicht überleben.

Es ist merkwürdig: Würde man Kinder wirtschaftlich als „Rohstoff“ definieren oder als „Kulturgut“ oder als „aussterbende Tierart“, verstünde jeder die hier gültige Logik:

Wenn Wasser knapp wird, verbietet man dessen Verschwendung und straft die Verschwender.

Wenn viele Menschen im Verkehr sterben, straft man die Schnellfahrer.

Wenn der Kabeljau selten wird, verbietet man die Befischung und straft diejenigen, die sich nicht daran halten.

Wenn Tiger aussterben, bestraft man die Tigerjäger.

Wenn unersetzliche Kulturgüter in Gefahr kommen, schreitet das Denkmalamt ein und verhindert per Gesetz und Androhung von Sanktionen ihre Zerstörung.

Wenn Arbeitsplätze in Gefahr kommen, versucht der Staat einzugreifen und macht entsprechende Gesetze.

Das heißt: Immer wenn etwas Wichtiges zu fehlen beginnt oder etwas Kostbares zu verschwinden droht, reagiert der Staat mit Verboten und Strafe für Täter, unahängig davon, ob es Täter oder Täterinnen sind! Aber wenn es um die Vernichtung und den Mangel an Kindern geht, tut man so, als wäre es ein nicht aufzuhaltendes Naturereignis und Strafe wäre etwas Unanständiges. Der Staat versucht nicht einmal Abtreibung zu verhindern, sondern er hält es für seine Pflicht, sie zu ermöglichen und leicht zu machen.

Man bedenke: Mit jeder Abtreibung gehen auch Arbeitsplätze verloren: Arbeitsplätze von Ärzten, Lehrern, Kindergärtnern, Arbeitsplätze in der Bekleidungsindustrie usw. Aber diese Arbeitsplätze werden nicht genannt, geschweige denn, man würde etwas tun, um sie zu retten. Besonders widersprüchlich handeln dabei die abtreibenden Gynäkologen: Sie treiben zu 50% ihre Kundinnen von morgen ab.

Aber auch jetzt noch, wo die Kinder, der wichtigste „Rohstoff“ der Zukunft, dramatisch zu fehlen beginnen, besteht man auf dem Recht, sie zu vernichten, obwohl das Gesetz dieses behauptete „Recht“ immer noch „Unrecht“[21] nennt!

Man sollte sich bewusst machen: Wer die Strafe für Abtreibung fordert, fordert nichts anderes als die Ausdehnung jenes Schutzes, den er selbst für sein Leben in Anspruch nimmt, auf die

[21] Vgl. Volksanwaltschaft, GZ VA W 203-Schu/02 vom 9.4.2005, erstmals veröffentlicht in: IMABE-Studie Nr. 5 (2. Aufl. 2005); weiters der Oberste Gerichtshof GZ 6 Ob 101/06 f.

ungeborenen Kinder. Wenn der strafrechtlich bewehrte Schutz seines Lebens nicht „unmoralisch“ oder „anstößig“ ist, warum sollte es der Schutz der Ungeborenen sein? Man sollte sich durch die Fangfrage: „Wollen Sie Frauen wieder bestrafen?“ nicht täuschen lassen: Es geht niemals um Bestrafung von Frauen, Männern, Brillenträgern und 40jährigen, sondern immer nur um die Bestrafung von Tätern, gleich welchen Geschlechts, mit und ohne Brille, über oder unter 40 Jahren.

Eines der Argumente gegen eine neue Strafbestimmung ist die behauptete Wirkungslosigkeit der Strafe. Es ist nachweislich falsch. Aufschlussreich ist in diesem Zusammenhang die Untersuchung über die „Motive zum Schwangerschaftsabbruch“ von B. Wimmer-Puchinger, die selbst eine Befürworterin der Fristenlösung ist und daher sicher kein Interesse hatte, ein für ihren Standpunkt ungünstiges Zahlenmaterial vorzulegen. Ein Ergebnis ihrer Studie besagte[22]: Zu dem Satz: „Ich würde mich auch dann bemühen, einen Arzt für den Schwangerschaftsabbruch zu finden, wenn es das Gesetz der Fristenlösung nicht gäbe“, sagten 64,7% der befragten Frauen. Ja, und das heißt, sie würden abtreiben, 35,3% der Befragten hingegen sagten Nein und schlossen damit eine Abtreibung aus! Rechnet man mit 100.000 Abtreibungen im Jahr, dann würde das bedeuten: Gäbe es eine Strafbestimmung, würden pro Jahr rund 35.000 Kinder mehr zur Welt kommen! Bedenkt man zudem, dass der phantasierte Mut in der Regel weit größer ist als der Mut im wirklichen Leben, darf man annehmen: Es wären deutlich mehr Kinder, die unter solchen Bedingungen überlebten! Wie kann man ein Gesetz „wirkungslos“ nennen, das die Bevölkerung einer kleinen Stadt pro Jahr rettet?

Ich weiß, etwas politisch Aussichtsloseres als die Wiedereinführung der Strafe für Abtreibung zu fordern, gibt es derzeit wohl kaum noch. Aber ich halte dagegen: Wenn es angesichts einer drohenden Springflut nur die beiden Möglichkeiten gibt, einen ein Damm zu bauen oder zu ertrinken, dann muss man das sagen, auch wenn die Mehrheit der Betroffenen den Dammbau für unnötig hält, ihn für zu teuer hält und meint, er störe das Landschaftsbild. Mahatma Ghandi hat einmal gesagt: „Erst ignorieren sie dich, dann verlachen sie dich, dann bekämpfen sie dich – und dann gewinnst du.“ Dazu passt das Wort des großen Erzbischofs Johannes Dyba von Fulda: „Wenn man am Rand eines Abgrundes steht, ist der Schritt

22 Wimmer-Puchinger B., Empirische Untersuchung der Motive zum Schwangerschaftsabbruch. Die soziale und psychische Situation der Frau. Hg. BMWF. Wien 1983, 55.

zurück ein Fortschritt." Die Abtreibung ist der Abgrund, Europa steht an diesem Abgrund, und der rettende Schritt zurück ist die Kultur des Lebens. Darum: Ceterum censeo istam legem esse delendam, dieses Gesetz muss abgeschafft werden! Es geht um Österreich, und weil es solche Gesetze auch in anderen Ländern gibt: Es geht um ganz Europa!

Zuletzt war es Papst Benedikt XVI., der am 7.9. 2007 in seiner Ansprache in der Wiener Hofburg nicht nur österreichischen Politikern widersprach, sondern Menschen in der ganzen Welt und auch „Amnesty International", indem er sagte: „Abtreibung kann demgemäß kein Menschenrecht sein" – sie ist das Gegenteil davon. Sie ist eine „tiefe soziale Wunde", wie unserer verstorbener Mitbruder Kardinal Franz König zu betonen nicht müde wurde.

Mit alledem spreche ich nicht von einem speziell kirchlichen Interesse. Vielmehr möchte ich mich zum Anwalt eines zutiefst menschlichen Anliegens und zum Sprecher der Ungeborenen machen, die keine Stimme haben. Ich appelliere dabei an die politisch Verantwortlichen, nicht zuzulassen, dass Kinder zu einem Krankheitsfall gemacht werden und dass die in Ihrer Rechtsordnung festgelegte Qualifizierung der Abtreibung als ein Unrecht faktisch aufgehoben wird. Auch wenn diese Worte unmittelbar auf Österreich bezogen waren, sie gehen alle Menschen guten Willens an.

Es geht dabei um die Rettung der Welt.

Günther Pöltner

Zur philosophischen Auseinandersetzung um den Beginn des Lebens und die Begründung der Würde der menschlichen Person

I. Problemlage

Mit der Verfügbarkeit menschlicher Embryonen im Reagenzglas und den damit eröffneten neuen medizinischen Handlungsmöglichkeiten ist das Menschsein auf eine neue Weise zum Problem geworden. Gefragt wird, wer oder was überhaupt als Mensch gelten kann, und ab wann wir es mit einem Menschen zu tun haben. Über diese Fragen wird weltweit debattiert. Es sind dies Fragen, die zwar *nicht ohne* naturwissenschaftliche Erkenntnisse, aber wegen deren Interpretationsbedürftigkeit *nicht* schon *durch* sie allein beantwortet werden können. Und dies deshalb, weil jede Naturwissenschaft „ihren Erfolg unter anderem dem Verzicht auf das Stellen gewisser Fragen" verdankt.[23] Am *Anfang* jeder Naturwissenschaft steht nicht die unverkürzte Wirklichkeitserfahrung, sondern eine *Abstraktion*, die bewußte *Ausblendung und Ausklammerung* von Wirklichkeitsdimensionen. Durch diese Ausblendung und das bewußte Festhalten an ihr – d.h. durch den Methodenvorrang – gewinnt die Naturwissenschaft überhaupt erst ihren Gegenstand. Dieser liegt nicht einfach vor, sondern ist das *Resultat einer methodischen Reduktion* lebensweltlich bekannter Phänomene auf einen berechenbaren Bestand.

Der Verzicht auf das Stellen gewisser Fragen hat eine Reihe gewichtiger Konsequenzen.

So wird auf diese Weise *von vornherein* festgelegt, was an dem Vorgegebenen zum naturwissenschaftlichen *Gegenstand* werden kann und was nicht. Die Naturwissenschaft hat es von vornherein mit einer *thematisch reduzierten,* niemals aber mit der unverkürzten Wirklichkeit und ihrem Werden zu tun. Sie erklärt immer nur eine *methodisch verkürzte* Wirklichkeit. Das gilt auch für die naturwissenschaftliche Rekonstruktion von Entstehungsgeschichten. Ob die naturwissenschaftlich erfaßte Realität, die ja bloß die von der natur-

[23] v. Weizsäcker (1967, 167).

wissenschaftlichen Methode zugelassene Realität ist, die ‚eigentliche' Realität darstellt oder nicht, das zu entscheiden fällt nicht in die Kompetenz der Naturwissenschaft, sondern ist Sache der philosophischen Reflexion. Hier hilft nicht der Hinweis auf den ungeheuer praktischen Erfolg naturwissenschaftlicher Erkenntnisse. Ein solcher rechtfertigt keineswegs die Methode, weil das Resultat nichts darüber aussagen kann, welchen Stellenwert das methodisch Ausgeblendete in unserer lebensweltlichen Erfahrung besitzt. „Wir fühlen, daß selbst, wenn alle *möglichen* wissenschaftlichen <=fachwissenschaftlichen G.P.> Fragen beantwortet sind, unsere Lebensprobleme noch gar nicht berührt sind".[24]

Was von allem Anfang an methodisch ausgeklammert ist, kann auf dem dadurch eröffneten Weg *prinzipiell nicht mehr* zu Gesicht kommen – auch nicht in Form der Rekonstruktion einer Entstehungsgeschichte. Denn diese ist ebenfalls zur Gänze durch methodische Partialität gekennzeichnet – es kann ja auch das Werden bzw. Gewordensein nur methodisch verkürzt in den Blick kommen. Die Naturwissenschaften betreiben *Bedingungsforschung*, der aus methodischen Gründen der Weg zurück zum vorgegebenen Ausgangsphänomen versperrt ist. Mit den Bedingungen eines Phänomens sind weder dieses selbst noch die Prinzipien seines Werdens erfaßt. Der methodische Reduktionismus betrifft nicht nur das Objekt der Erkenntnis, sondern auch deren Subjekt. Alles, was den Menschen *als Menschen* betrifft, ist *als solches* kein naturwissenschaftliches Thema. Die Naturwissenschaften sind durch einen methodischen *A-Humanismus* gekennzeichnet.[25] Die naturwissenschaftliche Erklärung *menschlicher* Phänomene lebt von deren vorheriger funktionalistischen Umdeutung.[26]

Naturwissenschaftliche Befunde müssen in denjenigen Kontext re-integriert werden, durch dessen methodische Ausblendung naturwissenschaftliche Forschung überhaupt erst möglich wird. Dieser Kontext ist unser lebenspraktisches Selbstverständnis. Eine gelingende Re-integration setzt allerdings ein methodisch-kritisch re-

24 Ludwig Wittgenstein, Tractatus logico-philosophicus, 6.52.

25 Bekanntlich operieren die Naturwissenschaften mit einem eingeschränkten Erfahrungsbegriff. Erfahrung ist nur als Experiment, d.h. als methodisch herbeigeführte Erfahrung zugelassen. Die lebensweltliche Erfahrung mit allem, was zu ihr gehört, ist unter naturwissenschaftlichem Gesichtspunkt als Erfahrung bedeutungslos.

26 So kennt z.B. die Soziobiologie nur Selektionsvorteile, nicht aber Sinnphänomene.

flektiertes Selbstverständnis voraus. Ein solches zu erzielen ist Sache einer philosophischen Anthropologie. Soll solch eine Reflexion nicht in eine ‚Gefälligkeitsanthropologie' abgleiten, die ihre Resultate von vornherein im Hinblick auf den gewünschten Zweck konzipiert, muß sie *unabhängig* von pragmatischen Zielsetzungen und Forschungsinteressen erfolgen.

Die Auseinandersetzung um den Lebensbeginn eines Menschenwesens und um den Beginn seiner Schutzwürdigkeit wird meist unter dem Titel ‚moralischer Status des Embryos' geführt. Dabei geht es um die Frage, ob der menschliche Embryo ebenso wie ein Kind oder ein Erwachsener Träger von Grundrechten ist oder nicht, d.h. ob er dem Lebensschutz bzw. dem generellen Tötungsverbot und dem Instrumentalisierungsverbot unterliegt oder nicht.

Hier tauchen bereits die ersten Schwierigkeiten als Folge einer unterschiedlichen Sprachregelung auf. (1) Auf der einen Seite wird unter der Embryonalzeit die Entwicklung des Menschen von der Befruchtung bis zum Ende der 8. Woche verstanden. (2) Auf der anderen Seite wird demgegenüber zwischen Prä-Embryo und Embryo unterschieden, wobei unter der prä-embryonalen Phase die Entwicklungszeit von der Befruchtung bis zur Bildung des Primitivstreifens (gegen Ende der zweiten Woche) verstanden wird.

Unter Vernachlässigung von Differenzierungen, die am Grundsätzlichen nichts ändern, lassen sich im großen und ganzen zwei Konzepte eruieren: das Konzept eines ungeteilten und das eines gradualistischen Lebensschutzes.

(1) Die erste Auffassung erblickt im Embryo von der Befruchtung an ein menschliches Lebewesen. Menschliche Lebewesen stehen unter einem unteilbaren und umfassenden, d.h. alle Lebensphasen gleicherweise betreffenden Lebensschutz. Beginn des Lebens und Beginn des Lebensschutzes fallen zusammen. Das Leben eines Embryos ist einer Güterabwägung entzogen.

(2) Die zweite Auffassung erblickt im Embryo der ersten 12 bis 14 Tage nicht schon ein menschliches Lebewesen, sondern nur menschliches Leben (artspezifisches Leben, das auch als Prä-Embryo bezeichnet wird). Für sie unterliegt menschliches Leben einem graduellen, d.i. mit zunehmender Entwicklung wachsenden Schutz. Dieser setzt frühestens mit dem Ausschluß der Mehrlingsbildung ein – nach anderen Varianten noch später, d.h. erst mit dem Vorliegen sogenannter moralisch relevanter Eigenschaften wie der Schmerzempfindlichkeit oder der Kommunikationsfähigkeit. Beginn des Lebens und Beginn des Lebensschutzes fallen auseinander. Das Leben eines Embryos unterliegt unter bestimmten Voraussetzungen einer Güterabwägung.

Hinter diesen Auffassungen stehen unterschiedliche Konzeptionen von Menschsein (seinem Anfang, seinem Ende) und von Menschenwürde. (1) Das Konzept des ungeteilten Lebensschutzes versteht das Recht auf Leben (d.i. das Recht, am Weiterleben nicht gehindert zu werden) als ein Menschenrecht und dieses als Ausfluß der Menschenwürde. Die Würde kommt *allen* Menschen und allen Menschen *gleicherweise* zu. Sie kommt dem Menschen *als Menschen* zu, d.h. sie ist mit dem *Menschsein des Menschen* bereits gegeben. Sie kommt jedem Menschen unabhängig von Geschlecht, Rasse, soziokulturellem Kontext, unabhängig von Eigenschaften, Leistungen oder Zuständen zu. Es ist diese Unabhängigkeit, welche die fundamentale Gleichheit aller Menschen in ethischer und rechtlicher Hinsicht begründet. Menschsein und Personsein fallen zusammen. Person' ist eine Explikation von ‚Mensch' und bringt bloß den Würdestatus des Menschen zum Ausdruck. Ist die Würde mit der Existenz eines Menschen gegeben, dann ist sie so unteilbar wie das Leben eines Menschen und kann nur mit dem Leben selbst verloren gehen, d.h. in keiner Phase seines Lebens ist ein Mensch ohne sie. Er besitzt sie von Anbeginn seines Lebens und er besitzt sie, solange er lebt. Die Würde des Menschen liegt darin, prinzipiell frei sein zu können. *Prinzipiell* ist dieses Frei-sein-Können, weil es Folge nicht erst einer erwerbbaren Fähigkeit, sondern des Menschseins ist. (Faktisch sind ja nicht alle Menschen frei). Mit dem prinzipiellen Frei-sein-Können ist der *Grund* der Würde genannt. Vom Grund ist das Kriterium zu unterscheiden. Das *Kriterium* für ihr Vorliegen und damit für ihre Anerkenntnis ist einzig und allein die *Angehörigkeit* der Menschengemeinschaft – gleichgültig, auf welche Weise man Angehöriger der Menschengemeinschaft geworden ist – ob auf ‚natürlichem' Weg oder auf dem Wege medizinisch assistierter Fortpflanzung.

(2) Gradualistische Lebensschutzkonzepte sind in den meisten Fällen einer Auffassung verpflichtet, nach der die Würde nicht eine Eigenheit des Menschseins ist, sondern vom Besitz sogenannter moralisch relevanter Eigenschaften abhängt wie z.B. Empfindungsfähigkeit, Leidensfähigkeit, Fähigkeit zu Selbstbewußtsein, zu zukunftsbezogenen Wünschen, Kooperationsfähigkeit, Kommunikationsfähigkeit, Moralfähigkeit. Nur solche menschliche Lebewesen, die im Besitz moralisch relevanter Eigenschaften sind, sind nach dieser Auffassung Personen und haben Anspruch auf Lebensschutz. Menschsein und Personsein wird hier getrennt. Es gibt Menschen, die keine Personen sind (noch keine, keine mehr), wie es auch umgekehrt Personen gibt, die keine Menschen sind (höher organisierte Tiere). Menschenrechte sind hier Personenrechte. Die Auffassung des ungeteilten Lebensschutzes wird mit dem Argument kritisiert,

die Zugehörigkeit zur Spezies homo sapiens sapiens sei bloß eine biologische Tatsache, biologische Tatsachen seien aber per se moralisch irrelevant.

Beginn und Ausmaß des Lebensschutzes kreisen um die Frage, ob mit dem Embryo schon ein Mensch zu leben angefangen hat. Soll diese Frage in der rechten Weise gestellt werden, muß eine Verständigung über das Subjekt des Lebens und Werdens sowie über die leiblich-personale Einheit unserer selbst erzielt, und das Verhältnis von retrospektiver und prospektiver Fragerichtung berücksichtigt werden.

II. Das Subjekt des Lebens und Werdens

Üblicherweise wird nach dem Beginn menschlichen Lebens gefragt. Diese Fragestellung ist in mehrfacher Hinsicht unzureichend. (1) Sie operiert mit einem vagen Begriff menschlichen Lebens. Sie faßt dieses von vornherein als eine spezielle Form biologischen Lebens und fragt nicht, was es *für uns Menschen* heißt zu leben. Zuerst muß hinreichend bestimmt werden, was das Leben eines Menschen ausmacht, dann erst kann sachgemäß nach dessen Beginn gefragt werden. (2) Sie reflektiert nicht das mitgebrachte Vorverständnis von Beginn und unterschlägt die untrennbare *Zusammengehörigkeit von Beginn und Anfang*. Etwas kann sich nur zu entwickeln beginnen, weil es als Ganzes zu sein angefangen hat. Der Beginn als zeitlich erste Erscheinung des Anfangs wird im Laufe der (als Folge von Jetzt-Punkten vorgestellten) Zeit zurückgelassen, nicht so der Anfang, weil dieser das gesamte Werden ermöglicht und also in allen Werdephasen bestimmend bleibt. Eine sachgemäße Bestimmung des Beginns hat die Beantwortung der Anfangsfrage zur Voraussetzung. (3) Es wird nicht – und das ist der entscheidende Mangel – nach dem Subjekt des Lebens und Werdens gefragt. Wer oder was lebt? Hier genügt es keinesfalls, auf so etwas wie den ‚menschlichen Organismus' oder ein ‚organisches System' zu verweisen. Gewiß reden wir von lebenden Zellen oder Organen. Das aber ist eine bloß analoge Rede, welche die für jede Analogie entscheidende *Verschiedenheit* in der Gemeinsamkeit verschweigt. Wenn ‚leben' von Zellen oder Organen ausgesagt wird, dann ist auf die spezifische Semantik solcher Sätze zu achten. In ihnen wird die relative Eigenständigkeit des Teils, d.h. die konstitutive Bezogenheit auf sein Ganzes ausgesagt, dem als Individuum allein Selbständigkeit zukommt. Das Auge ist lebendig, weil es Auge eines lebenden Menschen ist, nicht aber lebt es wie ein Mensch. Zellen oder Organe sind keine selbständigen Individuen. Es sehen nicht meine Augen, sondern *ich selbst* sehe. Mein Magen schmerzt nicht sich, sondern er schmerzt *mich*.

Ein Mensch kann zwar zu einem menschlichen Organismus vergegenständlicht werden – deshalb gibt es medizinische Forschung –, aber daraus folgt nicht, daß unter diesem Gesichtspunkt das ‚eigentlich Menschliche' zu Gesicht kommt. Das kann im Zeitalter der Wissenschaft nicht oft genug in Erinnerung gerufen werden. Es herrscht hier nämlich eine unumkehrbare Asymmetrie: Eine Ärztin kann zwar ihren Vater als einen menschlichen Organismus untersuchen, nicht aber einen menschlichen Organismus als ihren Vater. Dies deshalb nicht, weil der Begriff ‚menschlicher Organismus' einen partiellen Aspekt eines Menschen bezeichnet, hingegen der Begriff ‚Vater' wie auch der Begriff ‚Mensch' angibt, *wessen* Aspekte es sind. Was partielle Aspekte bietet, ist nicht selbst wiederum ein Aspekt unter anderen, sondern die sich in Aspekten darstellende Ganzheit des aspekthaft Einen. Ich bin nicht einer meiner Aspekte, sondern derjenige, der sich in ihnen manifestiert.

In erster Linie lebt weder ein menschlicher Organismus noch ein organisches System, sondern jeweils *jemand*. Genauer gesagt: *Du* lebst, *ich* lebe. Nicht ein allgemeines anonymes menschliches Leben, sondern jemand steht unter Lebensschutz und unterliegt dem generellen Tötungs- und Instrumentalisierungsverbot. Der moralische Status kommt nicht einem freischwebenden Leben, sondern *jemand* – dir, mir – zu. Eltern zeugen nicht ‚menschliches Leben', sondern ihr Kind. Meine Eltern haben *mich selbst* gezeugt. So wie nicht der Lauf läuft, sondern der Läufer, so lebt nicht das Leben, sondern jemand. *Subjekt* des Lebens und Werdens ist *jemand – du selbst, ich selbst.*

Dieser Befund wird aus den Augen verloren, wenn unreflektiert von ‚werdendem' oder ‚heranwachsendem' Leben gesprochen wird. Diese Sprechweise verwechselt das Lebewesen mit dessen Leben. Wir alle werden älter, ob wir wollen oder nicht, aber es wird nicht unser Leben älter, sondern *wir selbst* werden es – älter werdend leben wir. Ähnliches gilt für die Rede von einem ‚heranwachsenden' Leben. Es wächst nicht mein Leben heran, sondern ich selbst. Herangewachsen sein heißt aber nicht, zu leben aufgehört haben. Das ist einer der Gründe, weshalb sich die zeitlich-geschichtliche Verfaßtheit menschlichen Daseins *allein* mit einem Entwicklungs- oder Wachstumsbegriff *nicht zureichend* fassen läßt.

Subjekt des Lebens sind auch nicht Lebensphasen. Die Ausdrücke ‚Fetus', ‚Kind', ‚Erwachsener' bezeichnen nicht verschiedene

Subjekte, sondern unterschiedliche *Lebensphasen ein und desselben* Subjekts. Diese Substantiva lassen es nur offen, um *wessen* Lebensphasen es sich handelt. Lebensphasen sind keine Bestandteile des Lebens, noch bin ich deren Summe. Für eine Summierung und eine Selbstzuschreibung von Lebensphasen – es sind *meine* Lebensphasen – ist die Einheit meiner selbst bereits *vorausgesetzt.* Wer jemandes Lebensphase vernichtet, vernichtet dessen ganzes Leben, ihn selbst. Daraus, daß das Leben-Können an eine Reihe von Bedingungen gebunden ist, folgt nicht, daß diese Bedingungen mit meinem Leben-Können zusammenfallen, sondern nur, daß nichts dazwischen kommen darf, was mein Leben-Können vernichtet. Mit den ersten Lebensphasen ist nicht bloß ein Stück von mir aufgetaucht, und der Rest noch ausständig, sondern *ich als ganzer* habe zu leben angefangen.

Mit dem Personalpronomen ‚ich' meine ich nicht eine meiner Lebensphasen – die selbstbewußte, in der ich mich zum Gegenstand einer Selbstreflexion machen kann –, sondern ich meine *mich selbst in der Ganzheit meiner leiblichen zeitlichen Existenz.* Wir sagen ja zu Recht, ‚ich bin dann und dann geboren worden'. ‚Jemand zu sein' ist eben nicht gleichbedeutend mit ‚selbstbewußt sein'. Deshalb hängt mein sogenannter ‚moralischer Status' nicht vom Erreichen der selbstbewußten Lebensphase ab. Die Einheit meiner selbst deckt sich nicht mit der Einheit meines Selbstbewußtseins.

III. Die zeitlich-geschichtliche Einheit unseres personal-leiblichen Lebens

Jeder von uns kann von sich sagen, einmal ungeboren gewesen zu sein. *Ich selbst* bin es gewesen, d.h. habe mich in *meiner* vorgeburtlichen Lebensphase befunden. Wäre ich selbst es nämlich *nicht* gewesen, hätten meine Eltern nicht *mich* gezeugt, sondern etwas von mir Verschiedenes produziert. Haben sie aber *mich* und nicht einen Vorläufer meiner selbst gezeugt – und nur das entspricht unserem lebenspraktischen Selbstverständnis –, dann läßt sich mein Existenzanfang nicht als Veränderung von etwas zu jemand denken. Vielmehr lebt von Anfang an jemand, wenngleich zunächst im Modus radikaler Selbstentzogenheit. Der Existenzanfang ereignet sich zwar im Zuge von (biologisch beschreibbaren) Veränderungen, resultiert aber nicht aus ihnen.[27] Damit ist allerdings noch keine Vorentscheidung über die zeitliche Bestimmung dieses Anfangs getroffen.

Die hier auftauchenden begrifflichen Schwierigkeiten rühren daher, daß sich unsere gängige Vorstellung von Werden am Phänomen der Veränderung eines schon Existierenden orientiert und den Unterschied von Entstehen/Vergehen einerseits und Veränderung andererseits mißachtet. Der Existenzanfang von etwas kann offenkundig nicht ein Veränderungsvorgang an eben diesem Existierenden sein. Veränderungen betreffen Eigenschaften und Zustände. Mensch zu sein ist weder eine Eigenschaft, die etwas besitzt, noch ein Zustand, in dem sich etwas befindet. Ich bin weder die Eigenschaft von etwas, das nicht ich bin, noch bin ich ein Zustand von etwas. Wenn mein Vater gestorben ist, hat nicht ein weiterhin existierendes Substrat seinen Zustand verändert, sondern mein Vater hat zu leben aufgehört. Er selbst ist nicht mehr. Mit der biologisch beschreibbaren Veränderung von naturalen Prozessen ist weder schon die Frage nach dem Existenzanfang noch nach dem Ende menschlichen Existierens beantwortet.

Überdies bildet für unser gängiges Vorverständnis ‚werden' den Gegensatz zu ‚sein'. Was wird, ist noch nicht, und was ist, das ist geworden und hat sein Werden hinter sich. Dieser Begriff von ‚werden' ist aber untauglich, wo es um unser eigenes Dasein geht. Leben heißt nämlich Sein im Werden. Macht man begrifflich ernst damit, daß das Subjekt des Lebens und Werdens *jemand* ist, und sich nicht etwas in mich verändert hat, dann müssen wir sagen: Jemand *kommt* aus der Verborgenheit seiner selbst *zu sich*. Werden heißt hier: Zu sich selbst kommen.[28] (Ich selbst komme zu mir selbst, nicht aber wird etwas ich selbst. Jemand sein heißt nicht, der Vollendungszustand von etwas sein). Die Frühphasen des Leibes sind *jemandes* Existenzphasen, der *sich selbst* und *anderen verborgen* ist. Für andere verborgen sein meint nicht, anderen ist der Blick auf etwas Vorhandenes verstellt, sondern meint: *sichtbar entzogen*. Die Selbstentzogenheit ist sichtbar an der Gestaltunähnlichkeit der Frühphasen des Leibes im Vergleich zu seinen späteren Erscheinungsformen. Die Geschichte der Selbstentzogenheit (die ‚naturale Geschichte) gehört untrennbar zum Selbstsein. Das führt auf das Problem der leiblich-personalen Einheit unserer selbst.

27 Dasselbe gilt vom Tod eines Menschen.

28 Von einem ‚Zu sich kommen' muß deshalb gesprochen werden, weil anderenfalls das *Subjekt* des Werdens ungenannt bleibt.

Auf der einen Seite gilt: Ich *bin* mein Leib – wer meinen Leib sieht und berührt, sieht und berührt mich selbst. So gesehen ist die Entwicklungsgeschichte meines Leibes *meine eigene* Geschichte, die Geschichte *meiner selbst.* Mit dem Beginn dieser Entwicklungsgeschichte habe ich selbst angefangen zu sein. Wenn das von uns allen gilt, dann kommt in Anbetracht der Unteilbarkeit des Lebens dem menschlichen Embryo ein moralischer Status zu, der ihn zum Träger von Grundrechten macht. Auf der anderen Seite bin ich mein Leib dergestalt, daß ich ihn *habe* – es nimmt nicht mein Leib die Selbstzuschreibung ‚mein Leib' vor, sondern ich selbst bin es, der das tut. In dieser Einheit-in-Differenz (von Leibsein und Leibhaben) vollzieht sich unser Dasein. Diese in der Einheit implizierte *Differenz* von personalem Selbst und Leib wirkt sich bei der Datierbarkeit von *jemandes* Existenzbeginn aus. Sie wirft die Frage auf, ob mit dem biologisch datierbaren Beginn ‚neuen menschlichen Lebens' schon *jemandes* Leben angefangen hat. Es taucht hier die Differenz von Retrospektive und Prospektive auf. Im Rückblick auf die eigene Lebensgeschichte muß ich sagen, ich selbst bin gezeugt worden, und ich selbst bin schon dagewesen, als ich noch ungeboren war. Gilt das aber auch für die Prospektive, die ja nicht mir selbst, sondern nur dritten Beobachtern eröffnet ist? Und ist nicht die Beobachterperspektive im Falle der Frage nach dem sogenannten moralischen Status des Embryos die allein maßgebliche? Ist also prospektiv gesehen dem Embryo der moralische Status abzusprechen, der ihm in der Retrospektive mit gutem Grund zuzusprechen war?

IV. Retrospektive versus Prospektive

Einige Autoren[29] ziehen aus dem Unterschied von Retrospektive und Prospektive den Schluß, daß sich keine begründeten Aussagen über den moralischen Status des Embryos (in den ersten zwei Lebenswochen) machen lassen. Rechtfertigen lasse sich höchstens eine positive Als-ob-Betrachtung – so, als ob ihm ein moralischer Status mit Schutzwirkung zukäme –, eine Einstellung, die im Einzelfall zugunsten einer Vernutzung von Embryonen legitimerweise aufgegeben werden könne. Denn es gebe im Einzelfall eben keine Sicherheit über das Vorliegen eines schützenswerten Entwicklungspotentials, weil Sicherheit immer nur nachträglich, nach erfolgreich verlaufener

[29] z.B. Tanner (2002).

Entwicklung zu haben sei. Das zeige nicht zuletzt die Tatsache, daß ein hoher Prozentsatz befruchteter Eizellen auf natürliche Weise abgeht.

Folgt also aus der Differenz von Retrospektive und Prospektive die Legitimität, den Umgang mit Embryonen gegebenenfalls pragmatischen Interessen auszuliefern? Dieser Schluß ist aus mindestens zwei Gründen voreilig. (1) Die Retrospektive ermöglicht die Prospektive – nicht umgekehrt. Das Ziel einer Entwicklung muß sich schon gezeigt haben, damit überhaupt von Entwicklung gesprochen werden kann. Das Ziel ist Ende und Anfang der Entwicklung: Anfang, weil das Ziel die Entwicklung bestimmt, nicht aber umgekehrt – Ende, weil das Ziel nichts vom Anfang Verschiedenes, sondern dessen Enthüllung ist. Im Ziel ist der Anfang zutage getreten. (2) Die oben genannte Schlußfolgerung verkennt den Status von Potentialitätsaussagen. Aussagen über das Vorliegen eines Entwicklungspotentials stützen sich auf die Kenntnis des *Arttypischen.* Sie sagen, was *normalerweise*, d.i. bei Individuen von *solcher Art* geschieht, wenn die entsprechenden Bedingungen erfüllt sind und nichts dazwischenkommt. Weil wir es im vorliegenden Fall mit einem Wesen *von solcher Art* zu tun haben, und Wesen von solcher Art sich gemäß ihrer Art unter entsprechenden Bedingungen so und so entwickeln, haben wir *guten Grund* zu sagen, auch *dieses* Wesen werde sich, weil es die arttypischen Merkmale aufweist, ebenfalls artgemäß entwickeln, wenn die erforderlichen Bedingungen gegeben sind. Wegen des Unterschieds von Potential und seiner entsprechenden Bedingungen entfällt auch dann nicht der gute Grund, das Vorliegen des Potentials zu behaupten, wenn diese Bedingungen nicht gegeben sind.

Wird das Wissen um das Artgemäße ersetzt durch eine auf das Individuelle gerichtete Als-ob-Betrachtung, muß die Einstellung zum Potential einem Entscheidungsirrationalismus überantwortet werden. Die (retrospektiv betrachtete) Unsicherheit über das Vorliegen eines Entwicklungspotentials vermag nämlich eine Aufforderung zu einer positiven Als-ob-Betrachtung im konkreten Fall keineswegs zu begründen. Die gegenteilige Haltung, die Zelle so zu betrachten, als ob sie das Entwicklungspotential *nicht* besäße, ist genauso berechtigt. Eine prospektive Unsicherheit rechtfertigt *beide* Haltungen und enthält von sich aus noch kein Entscheidungskriterium. (Die Wahrscheinlichkeitsverteilung scheidet als Kriterium aus. Wahrscheinlichkeit kann Unsicherheit nicht beheben, weil sie selbst eine Form von Unsicherheit ist. Die einzige Möglichkeit, eine begründete Wahl zwischen den prospektiven Betrachtungsarten zu treffen, wäre das Vorliegen des Potentials. Genau das aber gilt als unsicher.) Die Entscheidung für oder gegen eine positive Als-ob-Betrachtung wird zur Sache pragmatischer Interessen. Fazit: Mit dem Rekurs auf die Differenz von Retrospektive und Prospektive läßt sich eine Vernutzung von Embryonen nicht rechtfertigen.

Ist vielleicht, so kann gefragt werden, der Dissens über den moralischen Status und die Schutzwürdigkeit des menschlichen Embryos am Ende Ausdruck ‚metaphysischer' Positionen, über die in einer pluralistischen Gesellschaft vernünftigerweise kein Konsens erzielt werden kann?

V. Rückgriff auf metaphysik-freie Argumente?

Habermas[30] hat die These vertreten, eine *eindeutige* Bestimmung des moralischen Status des menschlichen Embryos sei nur auf der Grundlage einer von strittigen metaphysischen Hintergrundannahmen *abhängigen* Beschreibung von Tatbeständen zu erzielen.[31] Wird die Quelle des Dissenses in divergierenden ‚metaphysischen Hintergrundannahmen' erblickt, legt es sich nahe, einen Minimalkonsens als Basis regelungspolitischer Entscheidungen anzustreben. Das bedeutet die Aufgabe, den Inhalt dieses Minimalkonsenses mit Hilfe sogenannter ‚freistehender' Argumente festzulegen. ‚Freistehende' Argumente sind dadurch charakterisiert, daß sie von strittigen Hintergrundannahmen unabhängig sind.[32] Und nur solch ‚freistehende' Argumente haben nach dieser Auffassung eine Chance auf allgemeine Akzeptanz, Optionen hingegen, die den Minimalkonsens überschreiten, können nur von privater Verbindlichkeit sein.

Der Vorschlag scheint plausibel, weil er einen konsensuellen Umgang mit dem Dissens in Aussicht stellt. In Wahrheit jedoch beruht er auf Voraussetzungen, die ebenso strittig sind wie die, die er beseitigen möchte. Es gibt nämlich keine ‚freistehenden' Argumente. Wenn es z.B. heißt, das Vorliegen von Schmerzempfindlichkeit sei ein von metaphysischen Vorentscheidungen unabhängiger und deshalb allgemein akzeptabler Grund der Schutzwürdigkeit menschli-

30 Habermas (2001).

31 Habermas (2001, 61).

32 „Als freistehend können jene Argumente gelten, deren Gültigkeit nicht von der Festschreibung auf eine bestimmte umfassende philosophische oder religiöse Lehre abhängt" (Pauer-Studer 2003, 152).

chen Lebens,[33] dann ist das keineswegs ein ‚freistehendes', metaphysikunabhängiges, sondern ein sehr wohl metaphysisches, nämlich einer empiristischen Metaphysik verpflichtetes Argument. Von diesem aber ist nicht einzusehen, weshalb ausgerechnet es in einer pluralistischen Gesellschaft konsensfähig sein soll – außer man hat undiskutiert vorentschieden, Pluralismusverträglichkeit sei mit der Einnahme eines empiristischen Standpunktes identisch. Die inkriminierte metaphysische Hintergrundannahme ist nicht verschwunden, sondern nur durch eine andere ersetzt worden. Die Rede von ‚freistehend' sucht das zu verbergen.[34] Dieses Argument löst den Dissens nicht auf, sondern schreibt ihn fest. Es bindet die Schutzwürdigkeit an das Vorliegen moralisch relevanter Eigenschaften. Über genau solch eine Begründung wird aber gestritten. Wird das Menschenrecht auf Leben an den Besitz bestimmter Eigenschaften gebunden, entscheiden Dritte darüber, wer Mensch ist und wer nicht.

Gewiß: Eine fehlende Schmerzempfindlichkeit in den embryonalen Frühphasen läßt sich unabhängig von weltanschaulichen

[33] „Die Gültigkeit des Arguments von der fehlenden Schmerzempfindlichkeit im Frühstadium embryonaler Entwicklung ist hingegen unabhängig von der Akzeptanz einer umfassenden religiösen oder philosophischen Lehre einsehbar. Die Gültigkeit des Arguments läßt sich unabhängig von einer bestimmten Religion nachweisen, und Menschen, die im Bereich ihrer privaten Überzeugungen unterschiedlichen religiösen Konzeptionen anhängen, können dieses Argument anerkennen" (Pauer-Studer 2003, 152).

[34] Luf wendet gegen Habermas' Ansatz zu Recht ein: „Erstens bleibt in dieser Argumentation reichlich unbestimmt, wer denn eigentlich Subjekt dieser Anerkennungsbeziehungen ist und wie bzw. wann die grundrechtlich garantierte Menschenwürde erworben wird. Offenkundig ist ja auch der/die Neugeborene vor der Ausbildung aktueller rationaler Fähigkeiten zunächst nur potentielles Mitglied der durch symmetrische Anerkennungsbeziehungen konstituierten Kommunikationsgemeinschaft. Welchen normativen Stellenwert hat dann die intersubjektive Anerkennung für die Begründung individueller Menschenwürde? Worin unterscheidet sich die Anerkennung von der konstitutiven Zuerkennung durch die anderen? Setzt die Anerkennung nicht bereits jene menschliche Subjektivität voraus, die somit der Anerkennung vorgegeben ist? Kehrt dann nicht doch die ontologische Fragestellung wieder, die zunächst ausgeklammert worden war, weil sie mit der weltanschaulichen Neutralität des modernen Staates unverträglich sei?" (Luf 2004, 243 f).

oder religiösen Überzeugungen einsehen. Aber daraus folgt *nicht* der *normative* Schluß, der Lebensschutz habe erst mit der Schmerzempfindlichkeit einzusetzen. Genau darüber besteht ja Dissens. Ähnlich verhält es sich mit dem Vorschlag von Habermas, den seiner Meinung nach mit der Geburt erreichten vollen Personenstatus zum Grund der Schutzwürdigkeit zu erheben. Dieser Vorschlag ist inkonsistent. Auf der einen Seite heißt es, zum Personenstatus gehöre die *wechselweise* Anerkenntnis,[35] also nicht bloß das Anerkanntwerden, sondern das Anerkennen. Auf der anderen Seite sollen der volle Personenstatus und damit der Grund uneingeschränkter Schutzwürdigkeit schon mit der Geburt gegeben sein.[36] Ein Neugeborenes ist aber zu Anerkenntnis noch nicht in der Lage. Was hat es dann vor einem Ungeborenen voraus?

VI. In dubio pro embryone

Pluralismuskonformität kann weder ein Maßstab argumentativer Überzeugungskraft noch ein Kriterium der Sachnähe oder Bevorzugung von Argumenten sein. Die Position, die sich auf ‚freistehende' Argumentation beruft, betreibt die Strategie der Selbstprivilegierung. Mit dem Argument, es bleibe jedem unbenommen, innerhalb der öffentlich allein verbindlichen liberaleren Regelung für sich privat der

[35] Die Menschenwürde markiere „diejenige ‚Unantastbarkeit', die allein in den interpersonalen Beziehungen reziproker Anerkennung im egalitären Umgang von Personen miteinander eine Bedeutung haben kann" (Habermas 2001, 62).

[36] Für die Begründung der Menschenwürde in interpersonalen Beziehungen beruft sich Habermas auf die *Geburt*, ab der wir es mit einer *Person im vollen Wortsinn* zu tun hätten. Geburt bedeutet Übergang eines naturalen Wesens in ein personales Wesen, d.h. Aufnahme in die Kommunikationsgemeinschaft von Personen. „Was den Organismus erst mit der Geburt zu einer Person im vollen Sinne des Wortes macht, ist der gesellschaftlich individuierende Akt der Aufnahme in den öffentlichen Interaktionszusammenhang einer intersubjektiv geteilten Lebenswelt" (Habermas 2001, 64 f). Geburt bedeutet „Lösung aus der Symbiose mit der Mutter" (Habermas 2001, 65) und Eintritt in eine intersubjektiv geteilte Lebenswelt. Auf diese Weise bilde sich die „Subjektivität, die den menschlichen Leib erst zu einem beseelten Gefäß des Geistes macht" (Habermas 2001, 63) und entstehe das „individuelle Selbst" (Habermas 2001, 63).

'strikteren' Haltung zu folgen, ist jede Erweiterung der Zulässigkeitsgrenzen von vornherein sanktioniert. Das Argument läßt sich beliebig wiederholen. Der Grund für die gegenwärtige Begrenzung ist schon der für ihre künftige Aufhebung je nach Interessenslage und Lobbying.

Sollen rechtspolitische Regelungen nicht in den Sog von Selbstprivilegierungsstrategien geraten, dann werden bioethische Problemlösungsvorschläge im Rahmen einer öffentlichen gesellschaftspolitischen Gestaltungsdebatte zu erarbeiten sein. Eine solche Debatte darf sich nicht einseitig der Individualperspektive verschreiben, vielmehr muß in ihr die sozialethische Verträglichkeit angebotsinduzierter individueller Optionen ebenso zur Sprache kommen wie Fragen der Allokation und Verteilungsgerechtigkeit. Die Gesellschaft muß sich fragen, wie wir miteinander leben wollen, und was die Instrumentalisierung der Frühestphasen menschlichen Lebens und ihre Behandlung als Rohmaterial für das menschliche Selbstverständnis insgesamt bedeutet. Und schließlich wird sie sich zu fragen haben, ob sie eine Umdeutung von Handlungsprinzipien bewußt mitmachen und Ethik nur als nachträgliche Ratifizierung derjenigen faits accomplis verstehen will, welche „die systemische Dynamik von Wissenschaft, Technik und Wirtschaft"[37] geschaffen hat.

Wenn die Berufung auf 'freistehende' Argumente keinen Ausweg darstellt, wäre es ehrlicher sich einzugestehen, daß sich die Bestimmung des moralischen Status des menschlichen Embryos in einer objektiven Grauzone bewegt. Zu ihr kommt weil sich uns die Einheit-in-Differenz entzieht, in welchem personales Selbst und Leib zueinander stehen, also diejenige Einheit entzieht, in der jeder/jede sein/ihr Leib ist, indem er/sie ihn hat. Wir können zwar einen terminus ante quem non, nicht aber in gleicher Weise einen terminus a quo angeben. Das ist einer der Gründe für die eingangs genannten unterschiedlichen Beurteilungen der frühesten Lebensphasen menschlichen Lebens. Die Frage lautet jedoch, wie wir uns angesichts dieser theoretischen Schwierigkeiten verhalten sollen. Was folgt aus ihnen für die *Praxis?*

Die Antwort muß die Differenz von 'Nicht-Wissen, ob' und 'Wissen, daß nicht' berücksichtigen. Die theoretischen Schwierigkeiten Embryos rechtfertigen so gesehen keineswegs schon eine Vernutzung menschlicher Embryonen – gleich zu welchem noch so wünschenswerten Zweck. Warum nicht? Weil das *Nicht-Wissen, ob* etwas vorliegt, *nicht* gleichbedeutend ist mit dem *Wissen, daß* etwas

[37] Habermas 2001, 36.

mit Sicherheit *nicht* vorliegt. Es würde immer noch nicht Unbedenklichkeit, sondern die Vorsicht folgen, angesichts einer objektiven Grauzone den moralisch sichereren Weg zu gehen und sich zum Grundsatz ‚In dubio pro embryone' zu bekennen.

Literatur

Habermas, J. (2001), Die Zukunft der menschlichen Natur. Auf dem Weg zu einer liberalen Eugenik? Frankfurt.

Luf, G. (2004), Menschenwürde in der Biomedizin, in: Fischer, M. (Hg.) Der Begriff der Menschenwürde, Frankfurt ua, S. 235–252.

Pauer-Studer, H. (2003), Bioethik und öffentlicher Vernunftgebrauch am Beispiel der Embryonenforschung, in: Körtner, U./Kopetzki, Chr. (Hg.), Embryonenschutz – Hemmschuh für die Biomedizin?, Wien, S. 145–155.

Tanner, K.(2002) ‚... etwas an sich Unerforschbares', in: Zeitschrift für Evangelische Ethik 46, S. 58–60

v. Weizsäcker, C. Fr.(1967), Deutlichkeit, München.

Springer und Umwelt

Als internationaler wissenschaftlicher Verlag sind wir uns unserer besonderen Verpflichtung der Umwelt gegenüber bewusst und beziehen umweltorientierte Grundsätze in Unternehmensentscheidungen mit ein.

Von unseren Geschäftspartnern (Druckereien, Papierfabriken, Verpackungsherstellern usw.) verlangen wir, dass sie sowohl beim Herstellungsprozess selbst als auch beim Einsatz der zur Verwendung kommenden Materialien ökologische Gesichtspunkte berücksichtigen.

Das für dieses Buch verwendete Papier ist aus chlorfrei hergestelltem Zellstoff gefertigt und im pH-Wert neutral.